大倒産時代の会社に

お金が残る経営

SMCグループ 代表
曽根康正
SONE YASUMASA

ロータックス法律会計事務所 代表
白木智巳
SHIRAKI TOMOMI

明日香出版社

は　じ　め　に
──大倒産時代の会社に「お金が残る経営」

　日本には100年以上続いている会社もあれば、10年以下で消えて
いく会社もあります。
　「何が違うんだろうか」と思いませんか？
　私はまさに不思議に思ってこの数十年間、多くの企業の経営者の話
を聞き、決算書に目を通して、永続する会社と短命に終わる会社の違
いを研究してきました。

　まずわかったのが、10年以下で消える会社は、お金つまり、キャッ
シュの見方・とらえ方がやはり甘いということ。
　お金のことに甘いから、いくら利益を出しても会社にお金が残らず、
資金繰りに苦しみ、会社をたたむことになるのです。
　私は非常に惜しいと思います。
　前著『自分の会社を100年続く企業に変える法』（明日香出版社）
から10年間で多くの会社が消えていきました。少しでも多くの会社
が生き残ることができればと切に感じてやみません。
　そのためにも、この書籍で、私が数十年に及ぶ研究の成果と、企業
が潰れる直接的原因であるキャッシュがなくなることに焦点を合わせ
て、いかにキャッシュを増やすかを明らかにしようと思います。

　キャッシュがなくなる主な原因は2つに限られます。
　一つ目は、経営者が決算書を読めないために、自社のキャッシュ

── 3 ──

がどんな状況になっているかがよくわからないこと。

　二つ目は、よき相談相手であるはずの会計事務所も、これまたキャッシュの状況を全く把握できていないこと。

　この2つです。

　社長としての資質や能力があるのに、いまいち経営がうまくいっていないというケースもよく見られますが、そのような会社の社長は総じて数字に弱いようです。

　そしてそんな社長は、「お金のことは専門家に任せれば安心」と会計事務所にお金のことを任せきってしまいます。

　実は、先ほどキャッシュがなくなる原因をお伝えしたとおり、こんな社長こそ、要注意なのです。

　私の経験上、そんな社長は少なくありません。どこかで「決算書や会社の数字は難しいもの」と蓋をしてきているように感じます。

　そこで、本書では、「決算書なんて読めない」「数字に苦手意識がある」という社長に理解いただけるように、わかりやすく解説していきました。

　「そうか、決算書はここを押さえておけばいいのか」

　「なんだ、数字は難しいと思っていたけど、たいしたことないんだな」

　「よし、これを参考に経営のことを考え直してみるか」

　そんな希望を持っていただける内容に仕上がっているかと自負しています。

　さて、本書は、公認会計士である私と弁護士である白木智巳さんとの共著になっています。

白木弁護士（第1章から第4章を担当）は元破産専門弁護士兼税理士で、多くの 中小企業の破産を見てきたなかで、私の考えに共感を覚えてくださったこともあり、筆を執ってもらいました。

　本書では、白木弁護士はどちらかというと法的側面から、公認会計士である私は財務的側面からキャッシュについて書いています。

　部分的には重複して書いているところもありますが、弁護士と公認会計士の内容が重複するということは、特に重要な部分だと理解していただき、本書を読んでいただきたいと思います。

　本書を読んでいただいて、本書のとおり実践していただければ、キャッシュがドンドン増えて 100 年企業になれるものと確信しております。

　ぜひ、最後まで読んでくださいね。

曽根 康正

2019 年 7 月

はじめに——大倒産時代の会社に「お金が残る経営」

第1章

破産する会社はどんな会社で、その経営者はどんな人か？

1．破産する会社は破産するべくして破産した!?　……………　16
　（1）破産する会社　16
　（2）3つの都市伝説　16
　（3）破産会社の3つの特徴　17
2．こんな社長が会社を破産させる……………………………　19
　（1）破産会社の社長はこんなに愚痴を言う　19
　（2）破産会社の社長には漠然とした不安がつきもの　20
3．破産会社の決算書の6つの特徴……………………………　21
　（1）3年前からキャッシュ残高が減少している　21
　（2）売上の10%以上を一つの取引先が占めている　22
　（3）実際に貸倒れがある　22
　（4）節税大好き　23
　（5）キャッシュが少ない　24
　（6）気がついていない　25

第2章

経営者にとっての決算書の基本

1．経営者としての決算書の読み方………………………………　28

（1）決算書の簡単な読み方　28

（2）決算書は誰のために作るのか　29

2. 経営者がチェックすべきところ……………………………………… 30

（1）損益計算書の粗利は決算書の出発点　30

（2）貸借対照表の現預金残高が決算書の着地点　30

（3）出発点と着地点　31

3. 決算書の出発点（粗利）の見方……………………………………… 33

（1）粗利の重要性　33

（2）商品サービスごとの粗利を知る　34

（3）粗利の最大化　35

（4）粗利を上げる方法　35

4. 何が総利益の主流になっているか──粗利分析……………… 37

（1）粗利分析表の作成　37

（2）総粗利に貢献している上位2割は何か？　38

5. 粗利を改善する……………………………………………………… 40

（1）粗利改善方法　40

（2）現れる壁──やはり、目的と手段　42

6. 決算書の着地点（現預金残高）の見方…………………………… 44

（1）最も重要な決算書上の情報は現預金残高　44

（2）キャッシュフロー　44

（3）現預金残高を増やすには　45

（4）3期分の現預金残高を比べる　46

（5）数年後に倒産するという計算結果　46

（6）資金繰りが苦しい経営者　47

（7）メンタルヘルスと会社の健康状態は同じ　48

7. 貸倒れを防ぐには、未然に防ぐしかない!?　………………… 49

（1）弁護士の債権回収　49

（2）泣きっ面に蜂の取り込み詐欺　50

（3）取引先の決算書を入手しましょう　50

第3章

自分の会社も取引先も、
決算書でチェックすべきところ

1．取引先の決算書のチェックポイント………………………… 54

（1）当座比率　54

（2）当座比率の意味　56

（3）自己資本比率　57

2．貸倒れを防ぐための取引先の決算書の読み方………………… 59

（1）貸借対照表の左側をチェックする　59

（2）当座比率と自己資本比率　61

（3）自己資本比率が50％であると胸を張る社長　61

（4）類は友を呼ぶ　62

3．労働問題から社長の姿勢がわかる……………………………… 64

（1）経営者の人に関する悩み　64

（2）労働法は悪法か　64

（3）損益計算書を見る　65

（4）平均給与と労働生産性を計算したことがありますか？　66

（5）社長は労働生産性を上げろ　68

（6）労働問題は社長の問題　68

第**4**章

経営者自身と経営の現状把握

1. 経営理念や目的を覚えていますか？ ……………………………… 70

2. 現状把握と事業計画・行動計画 …………………………………… 72

　（1）会社の理念や目的実現するための事業計画 72

　（2）理想の会社をイメージした具体的な事業計画 72

　（3）行動計画 74

3. 数値目標が手段から目的になる!? ………………………………… 76

　（1）事業計画の作成後 76

　（2）本末転倒 77

4. 目標未達成の原因と課題 …………………………………………… 80

　（1）事業計画と行動の結果のズレの原因 80

　（2）問題点と課題は、理念と目的のなかに存在する 81

　（3）自己中心的な問題点と課題 82

5. ある運送会社の倒産の危機と課題の克服 ……………………… 83

　（1）ある運送会社の例 83

　（2）二代目社長が考えた問題点と課題 84

　（3）A社の経営理念と目的 86

　（4）次々と発生するトラブル 87

　（5）問題点の発見 89

　（6）課題を克服する社長 89

　（7）我が誠の足らざるを尋ぬべし 91

第**5**章

会社はなぜ倒産するか

1．倒産・廃業の唯一の原因はキャッシュがなくなること……… 94
2．節税を売りにする三流税理士と税金を払いたくない三流経営者が
　会社を潰す……………………………………………………… 96
3．損得苦楽経営と理念経営の意味の違いがわかりますか？…… 98
4．銀行との付き合い方次第で倒産する………………………… 100
5．支払手形は最悪の倒産原因…………………………………… 102

第**6**章

貸借対照表と損益計算書の関係性の基本

1．貸借対照表と損益計算書はつながっている………………… 106
2．損益計算書だけ見る経営者、貸借対照表を理解しない税理士 108
3．キャッシュがどれだけあるか、貸借対照表でしかわからない 109

第**7**章

あまりよく見ていなかった
貸借対照表の簡単な読み方

1．資産と負債の状況が一目でわかる貸借対照表……………… 112
2．キャッシュの調達は何によってなされているのか？……… 113
　（1）キャッシュの調達源泉の中身　113

（2）資金調達の並び順には大きな意味がある　115

3．調達したキャッシュは資産のうちの何に変わったのか？…　117

（1）キャッシュの運用形態の中身　117

（2）資金運用の並び順にも大きな意味がある　117

4．貸借対照表の内容は経営者の考え方次第で大きく変わる…　119

5．節税の正体：節税を提案する三流会計事務所と節税をする三流経営者……………………………………………………………………　120

第8章

キャッシュの大きさを測る──当座比率

1．最低でも150％は出したい当座比率の計算の仕方　………　122

2．キャッシュを増やすための当座資産の中身…………………　124

3．当座比率を上げるための当座資産の増加＆流動負債の減少　125

（1）当座資産を増加させる方法　125

（2）流動負債を圧縮する方法　128

4．中小企業は当座比率を重要視するべき理由…………………　130

（1）当座比率が50％の中小企業をイメージしてみると…　130

（2）中小企業は流動比率ではなく当座比率を重視すべき　131

第9章

利益の大きさを測る──自己資本比率

1．健全な資金調達を見る自己資本比率の計算の仕方…………　134

2．自己資本比率を上げるための総資産の減少＆純資産の増加　135

（1）総資産を圧縮する方法 135

（2）純資産を増加させる方法 136

3．自己資本比率が低いのは利益が出ないから……………… 138

（1）利益の蓄積ができない理由 138

（2）節税で当期利益を圧縮した例 139

4．ようやく出てきました！　節税をしてもいい会社とは…… 141

第10章

してもいい設備投資と借入金

1．設備投資は当座比率と自己資本比率で考える……………… 144

2．1年間で返済すべき借入金はすぐにわかりますか？ ……… 147

（1）1年以内返済予定長期借入金 147

（2）借入金の返済期間の決定は重要事項 148

3．耐用年数と借入金返済期間の関係がわからなければ借金するな 150

（1）金利よりも返済期間を重視する 150

（2）耐用年数と返済期間・返済金額の関係 151

第11章

損益計算書と変動損益計算書の読み方

1．「5つの利益」の違いがわかりますか？ ……………… 156

2．変動損益計算書の読み方……………………………… 158

（1）売上高と固定費・変動費、そして利益の関係 158

（2）変動損益計算書はどのように作られているか　159

（3）変動損益計算書の戦略的な使い方　161

第12章

会社を潰さない売上高──損益分岐点分析

1．損益がゼロになる売上高の計算……………………………　164

2．キャッシュを増やす売上高の計算…………………………　167

第13章

経営者がコントロールできるか──社員給与分配率

1．社員給与分配率とは　…………………………………………　170

2．社員の給料に対する考え方…………………………………　172

3．社員の評価方法はどうするの？……………………………　173

4．社員の機嫌取りや節税で支払わない決算賞与……………　174

5．シルバーやパートを積極的に活用する……………………　175

第14章

一人当たり限界利益──労働生産性

1．損益計算書で最も重要な比率が一人当たり限界利益………　178

2．労働生産性の計算の仕方……………………………………　180

3．労働生産性を上げるための具体的方策……………………　182

（1）限界利益の高い企業は売上高の増加に力を入れる　182

（2）限界利益の低い企業は限界利益率をアップさせる　183

（3）事例で検証してみる　183

4．目標社員給与分配率と目標平均年収で適正人員がわかる…　185

5．5年後にどんな会社にしたいのか──経営計画書の必要性　187

6．経営計画書でPDCAサイクルを回せば会社はよくなる…　188

第15章

キャッシュを増やして 100年企業になる経営の特徴

1．温故知新……………………………………………………………　192

2．社是・社訓・経営理念がある…………………………………　194

3．質素倹約…………………………………………………………　196

4．信用がある………………………………………………………　200

5．キャッシュフロー経営…………………………………………　203

6．経営者の役割が明確……………………………………………　205

7．社員を成長させる教育システム………………………………　208

8．しつけ・マナー教育……………………………………………　210

＜対　談＞

倒産しない会社に、 もっともっと、なっていただくために

……………………………………………………………………　213

おわりに

カバーデザイン：萩原弦一郎（256）

第**1**章

破産する会社はどんな会社で、
その経営者はどんな人か？

第1章　破産する会社はどんな会社で、その経営者はどんな人か？

1. 破産する会社は破産するべくして破産した!?

(1) 破産する会社

　私はかつて破産専門弁護士として、業務時間のほとんどを破産申立業務に充てていた時期がありました。破産専門弁護士のことを「サンドイッチ弁護士」と呼びます。「挟んで(破産で)食べている」というシャレです。

　私が、弁護士になった 2002 年頃は、破産事件が急増していた時期でした。私もサンドイッチ弁護士としてたくさんの破産事件を担当しました。

　そのため、どのような会社が破産していくのか、わかるようになりました。じっくり解説していきましょう。

(2) 3つの都市伝説

　弁護士になった当時の私は、決算書なんて全く読めませんでした。決算書の貸借対照表や損益計算書の勘定科目すらおぼつかなかったのです。

　それでも破産申立の際には、裁判所へ報告書を提出しなければなりませんでしたので、決算書の読み方が書いてある本をたくさん読んで、過去の決算書を見ながら破産に至った経緯について、報告書を作成していました。

　弁護士になりたての私には、思い込みがありました。**会社の経営者**

—— 16 ——

は全員が決算書を読めるはずだという思い込みです。

　だから、弁護士の私が決算書を読めないと恥ずかしいし、会社を理解できるわけもなく仕事にもならない。そう思って必死に勉強したのを覚えています。

　ついでに言うと、どこの会社にも、経営理念と事業計画があると思っていました。

　また、税理士は全員が会社経営のアドバイスができると思い込んでいました。決算書を作る専門家なので、経営については当然に理解することでき、当たり前に経営のアドバイスをするのが税理士の仕事であると思っていました。

　それが単なる都市伝説であることは、法人の破産申立を何件かやっている中ですぐにわかりました。

(3) 破産会社の３つの特徴

　破産会社には、３つの特徴があると思います。弁護士になりたての私が、どこの会社にもあって当たり前だと思っていたのになかったものです。

　①目的や理念がないこと

　　破産会社の経営者は、経営理念や経営目的など考えたこともない人ばかりでした。

　②目標や事業計画がないこと

　　どんぶり勘定で計画性は皆無という会社です。

　③破産会社の経営者は決算書が読めないこと

　　たとえ顧問税理士がついていて決算書があっても、経営者がそれを理解できなければ、そもそも決算書がないに等しいと思いました。

第1章　破産する会社はどんな会社で、その経営者はどんな人か？

　ただし数年後には、多くの破産していない中小企業にも同じ共通点が当てはまることに気づきました。

　あとで詳しく書きますが、創業して10年以内に廃業・倒産する会社が多いのは、そのためではないかと考えています。

2. こんな社長が会社を破産させる

（1）破産会社の社長はこんなに愚痴を言う

　破産会社の社長は、決算書が読めません。読めませんので、勘で行動します。勘が冴えているときは業績が向上しますが、勘が鈍ってくると業績がぐんぐん下がります。

　破産会社の多くの社長は、決算書の件は税理士に任せているので大丈夫と思っています。

　結局、破産することになってから、**税理士に対する不満を多く口に**します。他人のせいにしてしまうのです。

　また、**銀行に対する不満も口にします。**

　「見捨てやがった」

　「いいときはちやほやしやがって、あかんようになったら冷たくなった」

　などと言います。これも他人のせいにしているのです。

　破産申立に至るまでに一家が離散状態になった方も少なくありません。収入がたくさんあるときは、愛人を作ったり、散財して気前がよくても、経営がうまくいかなくなると、夫婦喧嘩が多くなってしまうのです。お金の管理が甘いのが原因で、人間関係に大きな亀裂が入ったケースをよく見てきました。

　私は、どうも破産事件が好きになれませんでした。独りよがりで、うまくいっていたときは数億円を稼いで散財し、悪くなって倒産すると他人のせいにする人が多いと思ったからです。

—— 19 ——

（2）破産会社の社長には漠然とした不安がつきもの

　破産と聞くと「この世の終わり」と考える方も少なくありません。離婚しなければならないとか、負債が子供にも及ぶとか、選挙権がなくなるとか、全く根拠のない噂に囚われて、とにかく破産を避けようとしてしまいます。

　無理をして、ノンバンクのカードローン、サラ金からの借入、さらに、どんどん深みにはまり、不動産担保ローン、商工ローン、最後には闇金融業者から金を借りてしまいます。

　激しく追い込みをかけられた末、自尊心が失われて、自殺しかないと考える経営者も多くいらっしゃいました。

　実は、破産手続きを経て、免責されれば、負債はゼロとなり、法律上のペナルティもほとんどありません。

　たとえば、弁護士免許がなくなるとか、税理士免許がなくなるなどの不利益はありますが、ほとんどの経営者には関係ないですよね。

　もし、破産のことが頭をよぎったら、弁護士に相談してみることです。

　相談に来られて、破産についてよく知ると、「もっと早めに来たらよかった」とおっしゃる経営者がほとんどです。

３．破産会社の決算書の６つの特徴

　破産弁護士は、破産手続きの際に、過去の２～３期分の決算書を見て、どのように破産するに至ったのか、経過を把握してから裁判所に報告します。

　その際に、私が感じたことは、どれも判で押したように同じような決算書だということです。

　次に挙げる６つの項目は、破産会社の決算書を特徴づける代表的なものです。経営者の方は今のうちに肝に銘じていただきたい事柄ばかりです。

(1) ３年前からキャッシュ残高が減少している

　決算書の貸借対照表の左側は資産が並んでいます。上から現金、預金、受取手形、売掛金などの順に記載されています。

　破産前の３期分を比べてみれば、キャッシュすなわち現預金残高が減少していることがわかります。

　決算書は別に特別な知識がなくても読めるのです。何も決算書に書かれているすべてを理解する必要はありません。決算書は、必要なところだけ読むことができればいいのです。

　そこで、まず３期分の現預金残高を見比べてみましょう。

　３期分の現預金残高を比べると、残金の何％が減少しているのかがわかります。簡単に言えば、25％ずつ減少していれば、４年経つとキャッシュがゼロになるので、支払不能となりますから倒産というこ

—— 21 ——

第1章　破産する会社はどんな会社で、その経営者はどんな人か？

とになります。

　35％ずつ減少していれば、３年以内に倒産ということになります。

(2) 売上の10％以上を一つの取引先が占めている

　決算書には、売掛金の内訳や取引先名などが書いている勘定科目内訳書の欄があります。

　中小企業の多くは、特定の取引先が全体の取引額の10 ～ 50％を占めています。

　仮に、取引全体の10％の取引先に貸倒れが生じた場合は、利益はどうなるでしょうか？

　売上に対する経常利益が10％である会社を想定します。

　払ってもらえない理由はさまざまですが、売掛金債権は、すぐには償却できませんので、売上額はそのままで、結局、経常利益も10％のままで、税金も支払う必要が出てきます。

　しかし、売上の10％のお金は入ってこず、仕入や外注先も待ってくれませんので、キャッシュはマイナスになります。

　何が言いたいのかというと、要するに、**ほとんどの破産会社は売掛金が一つの取引先に集中している**のです。一つの取引先に集中させないことがリスク管理になります。

(3) 実際に貸倒れがある

　過去に多額の貸倒損失があったり、直近に貸倒れがあり、それが現預金残の減少に大きく影響していませんか？

　中小企業には、貸倒れはつきものでしょうか？

　そんなわけありません。取引先が倒産したのでしょうがない、と諦

―― 22 ――

める経営者がいます。弁護士に依頼しても回収できなかったと弁護士を恨んでいる方も多くいらっしゃいます。

しかし、回収可能であるかどうかは、実は取引の前の段階から決まっていることが少なくありません。毎年、きっちりと信用調査を行って、または、取引先と決算書を交換していれば、ある程度の危険性は事前に察知できたはずです。

決算書が読めなければ、相手と決算書を交換しても、相手の資産状況を理解できず、その危険性の判断もできません。

中小企業が生き残るためには、連鎖倒産を防止することが何よりも重要です。決算書を見て危険性を判断できるようになりましょう。

(4) 節税大好き

貸借対照表の右下には、純資産の部の欄があり、設立当初の出資額などがわかります。

その下に利益剰余金という欄があります。貸借対照表は、創業から決算期までのすべての会社の成績が一覧で記載されています。

利益剰余金を創業期からの期数で割ると、創業期以来、平均していくらの利益を出してきたのかがわかります。

あるAという会社の創業以来の平均的な純利益は700万円です。一方、Bという会社は70万円です。

Aは、毎年1,000万円ぐらいの経常利益を出して、300万円程度の税金を支払っています。一方、Bは毎年100万円ぐらいの利益しか出さず、税金も毎年30万円ぐらいしか支払っていません。

破産する会社の決算書は、もちろんBに近い決算書です。平均して利益を出さないように、あえて無駄な機械を購入したり、高級外車を購入したり、リゾートホテルの会員になったりして無駄にお金をた

くさん使って、なるべく税金を支払わないようにします。

　もちろん、税理士に節税をお願いすれば、税理士もそれに協力してたくさんのアドバイスをします。自ら保険を販売したり、投資物件の仲介をしたり、不動産業者を紹介して賃貸物件を建築させたりして、キャッシュバックを稼ぐ税理士もたくさんいます。

　節税は、いろいろなものを会社に売るときの殺し文句になります。特に決算書が読めない経営者は節税と言われるとすぐに飛びつきます。

　節税がすべて悪いとは言いませんが、**決算書が読めない近視眼的な経営者は節税が大好き**という特徴があります。

(5) キャッシュが少ない

　節税の影響で、純利益も少なく、結果として現預金残高が少ない。あとで説明する当座比率も自己資本比率も低い会社が多いです。

　破産の要件は支払不能です。現預金残高が少ないと何かあれば支払不能に陥りやすくなります。

　潰れない会社は、キャッシュが潤沢にあるから潰れないのです。キャッシュを潤沢にするには、税金を支払う必要があります。**税金を支払うことに無駄な抵抗をしない会社でなければ、会社にキャッシュは貯まらないのです。**

　潰れない会社も時には赤字となります。それでもなかなか潰れません。破産する会社は、元々キャッシュが少なく、体力がありませんので、一社の取引先が倒産したらもう大変です。すぐに連鎖倒産したり、購入した不動産や無駄な機械の借入返済のために資金繰りに窮することになります。

　目の前の損得に囚われると近視眼となり、目の前の税金の負担とい

う壁にあらがって、かえって自分の首を絞める結果となります。

　また、会社を悪くする節税提案をするだけの税理士が多いのも非常に問題です。

(6) 気がついていない

　これが最大の特徴かもしれません。「キャッシュが毎年減っている。一つの取引先の占有率が高い。貸倒れについて対策がない。節税が大好きである。キャッシュが少ない」ということに、**自分自身が全く気づいていない**のです。

　それはなぜでしょうか？

　ズバリ決算書が読めないからです。いろいろな不安を抱えていても、それが漠然として一向に解決しない原因の一つは、決算書の読み方がわからないからです。

　決算書が読めず会社の実情がわからないから不安なので、銀行が貸してくれるのは、うちに信用があるからだなどと、訳のわからないことを信じたり、税理士に任せているし、税理士はやばかったらきっと言ってくれるはずと思ったりします。

　そして「何も言ってこないのでうちは大丈夫だろう」などと言って、不安を解消しようとしますが、そんなことは単なるごまかしに過ぎません。

　それでは、決算書が読めるようになれば、経営上の問題点が発見できて解決することができるのかというと、そうではありません。

　しかし、少なくとも決算書が読めるようになれば、自分の会社の現状を把握することはできるようになります。

第1章　破産する会社はどんな会社で、その経営者はどんな人か？

　以上は破産会社の決算書の特徴ですが、普通に経営している会社の決算書にも破産会社の特徴が当てはまっているケースが非常に多く見られます。

　いかがでしたか？

　思い当たる節はありませんでしたか？

　自社の経営状態を改善したいと考えている経営者の方は、まずは自社の決算書を理解して現状を把握することが大切です。

　創業 10 年以内に閉鎖廃業する企業が多いですが、それらの企業の決算書を見れば、どれも倒産予備軍であったことがわかります。

第2章

経営者にとっての
決算書の基本

　ここからは、自分の会社の損益計算書と貸借対照表のコピーを横に置いて読んでください。

　コピーするのは、マーカーやペンで当然書き込まなければならない大事な項目だからです。

　「あとで見てみよう」とする経営者は、この時点でアウトです。

　本書に書かれている項目だけで、経営者が見るべきポイントがよく呑み込めます。

　いや、たくさんの本を読まなくても、これだけわかれば経営者にとっては十分なのです。

　多くの倒産経営者は、これから説明する大事なポイントがわからなかったから、倒産という憂き目に遭ったのですから！

第2章　経営者にとっての決算書の基本

１．経営者としての決算書の読み方

(1) 決算書の簡単な読み方

　まずは、会社の現状を把握するために決算書の読み方について簡単に説明します。

　より高度な読み方は第6章以降に譲るとして、ここでは最低限見るべきポイントの解説だけ行います。

　決算書はつながっています。下の図は、貸借対照表、損益計算書、キャッシュフロー計算書の関連性を示したものです。

決算書3種の関連性

キャッシュフロー計算書

| 営業活動 キャッシュフロー (CF) |
| 投資活動 CF |
| 財務活動 CF |
| 増加額 |

貸借対照表

資産	負債
当座資産	
	純資産 自己資本
	利益剰余金

損益計算書

| 売上 |
| 粗利 (売上総利益) |
| 営業利益 |
| 経常利益 |
| 税引前 当期利益 |
| 税引後 当期利益 |

—— 28 ——

(2) 決算書は誰のために作るのか

「現状の決算書は税務署の税金の計算のために作る」と考えること
をお勧めします。

税金を徴収する税務署からすると、税引前当期利益に税率をかける
と税金額の計算が簡単にできますが（本当は、もう少し複雑ですが、
経営者にはあまり関係ないので省略します）、会社の経営状態を把握
するには不便です。

損益計算書には、売上、売上原価、粗利（売上総利益）、販売費及
び管理費、営業利益、経常利益、税引前当期利益、当期利益の順に記
載されています（左図は、大意をつかんでもらうため、あえて簡略）。

多くの経営者は、売上と税引前当期利益だけしか見ません。売上は
はじめに書いてあるのでわかりやすいし、営業マンにノルマを課すと
きに売上を基準とする経営者が多いので、売上には割と敏感なのです。

次に、多くの経営者は、税引前当期利益を見ます。税引前当期利益
が3,000万円ならば、税金がおよそ1,000万円ぐらいかなあと思って、
税金を支払いたくない人は、決算期前に税理士に泣きついて、「何と
かなりませんか」などと言います。

また、貸借対照表を見ますと、左は資産が書いてあり、上から現金、
預金、売掛金などの順に並び、下のほうに行くと固定資産などが書い
てあります。右の上のほうは負債、下のほうは純資産が記載されてい
ます（左図は、大意をつかんでもらうため、あえて簡略）。

しかし、「貸借対照表は見ない」という経営者がほとんどです。貸
借対照表は見にくいですが、とりあえずは、一番大切な情報だけを見
るようにしてください。

では、貸借対照表と損益計算書では、どの情報が一番大事でしょう
か？

第2章　経営者にとっての決算書の基本

２．経営者がチェックすべきところ

（1）損益計算書の粗利は決算書の出発点

　売上から仕入などの原価を引いたものが売上総利益ですが、それを「粗利」と呼びます。

　さて、先ほどの答えですが、私は粗利が一番大切だと思っています。

　ただし、製造業で製造原価報告書には、製造労務費などの固定費が入っており、非常に読みにくいので、変動損益計算書を作成して限界利益を把握する必要があります。詳細は後半161ページの解説に譲ります。

　なぜ、粗利が一番大切かと言いますと、仕入等の原価はもともと出ていくことが決まっている経費なので、はじめから会社に入らなかったものと考えるのです。

　とすると、会社に一番はじめに入ってくるものは粗利です。要するに、**決算書の出発点は、損益計算書の粗利**と考えるわけです。

（2）貸借対照表の現預金残高が決算書の着地点

　損益計算書の一番下の当期利益は、前期の貸借対照表の右下の利益剰余金に加算されます。そして、キャッシュフロー計算書を経て、現預金残高にプラスされます。

　損益計算書と貸借対照表とキャッシュフロー計算書がつながっているということを知ってください。

—— 30 ——

ここで少々難しいですが、キャッシュが増えるかどうかは、税引き後の純利益すなわち当期利益に減価償却費を足し、それから負債の1年間の借入金返済元金を引くとわかります。

当期利益＋減価償却費－負債の1年間の借入金返済元金＞0

であれば、前年よりもキャッシュが増えて、「＜0」であればキャッシュが減ります。この計算式は大雑把なもので、20～30％も誤差が出るときもありますが、キャッシュフロー計算の解説本を読んでも多くの方が挫折するので、とりあえずこの計算式を覚えておいたほうがいいです。

このキャッシュフロー計算を経て、前年度よりもキャッシュが増えていればよい経営、減っていればどんどん破産に近づいていく悪い経営ということになります。

決算書の着地点は、貸借対照表の現預金残高です。

毎月税理士が作成する試算表上でもキャッシュが増えたのかどうかを確認して、できれば、資金繰表を作成して、現預金残高がどのように推移するのかを予想できれば理想的です。

（3）出発点と着地点

損益計算書の売上総利益である粗利が決算書の出発点であり、貸借対照表の現預金残高が着地点です。

経営者の方は、粗利の最大化を図るようにしてください。粗利が最大化されると、現預金残高も最大化されるはずです。

決算書の読めない経営者は、それ以外の情報はむしろ気にしないようにしたほうがいいです。特に、税引前当期利益が気になってしょうがない方は見ないほうがましです。

第2章　経営者にとっての決算書の基本

　せっかく最大化した粗利を税引前当期利益が気になって節税し、結局、当期利益が減ると、期末の現預金残高が少なくなります。

　現預金残高が少なくなると、貸倒れや取引停止などの事故が起こったとき途端に支払いが苦しくなります。

　経営者は損益計算書の売上総利益である粗利を最大化し、きちんと税金を支払って、キャッシュの最大化を図ることが最も重要です。

　そうすることで、多少、経営不振となってもなかなか潰れにくい財務体質のいい会社を作ることができます。

　税金をたくさん支払うと会社の財務体質はよくなります。重要なので繰り返しますが、**税金の支払いを少なくするために無駄な経費を使うと、税金の支払額は減ります。そして、キャッシュが減少してすぐに倒産してしまう会社になります。**

　税金の支払額は利益に対する税率で決まります。残った税引前当期利益のうち、30 〜 40％ぐらいはもともと会社に入ってきていないものと考えて、無駄にあらがわずにきちんと税金を支払うことが誰にとってもよいことなのです。

—— 32 ——

3. 決算書の出発点（粗利）の見方

(1) 粗利の重要性

　経費は、販売個数に比例してかかる経費である変動費と、販売個数に比例しない固定費に分かれます。

　変動費には、仕入原価、材料費などが入ります。運送業の場合は、燃料費が変動費になります。

　ほとんどの会社は、仕入や原材料費である変動費を1年ごとに把握しているだけで、個々のサービスや商品に関する変動費を把握していません。

　本書37ページに、ある沖縄そば屋さんの事例を載せています。

　この例で言うと、沖縄そばセット一人前880円としつつも、材料費はいくらかということがわかっていない経営者が非常に多いということです。

　粗利の高い商品がたくさん売れれば、その分、会社の総粗利も増えます。粗利の高い商品をたくさん売ることに時間と労力をかけたほうが、会社全体の1年間の粗利は高くなります。

　しかし、個々の商品やサービスの粗利がわからないと、どれを一番たくさん売れば、一番効率よく粗利を稼ぐことができるのかわかりません。

　とすれば、個々の商品やサービスごとの粗利を把握することがいかに重要であるかがわかるはずです。

第2章　経営者にとっての決算書の基本

(2) 商品サービスごとの粗利を知る

　沖縄そば屋の場合は、料理とお酒などの飲料なども加えると60種類ぐらいの商品があります。飲み物の粗利は全体の30％弱であり、食べ物の粗利が70％でした。37ページの表は食べ物だけを記載して、年間粗利の高いメニューの順番に並んでいます。

　当初は、冷奴一つ売ると粗利はいくらですかと質問しても、だいたい100円くらいかな、といった回答しか返ってきませんでしたが、実際は304円もありました。

　もちろん、仕入代金も毎日違う場合があるので、わからないというのも無理はありません。しかし、その場合は仕入代金を多めに見積もって、おおよそ仕入はこれくらいだと把握する必要があります。

　個々の商品やサービスについて、どれぐらいの粗利が稼げるのか知ることが最も重要です。

　たとえば、沖縄そば屋の場合は、石垣牛ハンバーグそばセットを10食作ってもらって、それに使用する調味料や材料の費用を全部計算し、それを10で割って計算してもらいます。

　そうすると、2番の石垣牛ハンバーグそばセットの粗利が990円で、9番の普通のそばセットの粗利よりも330円も高いということがわかったり、3番の石垣牛ステーキそばセットの粗利が1,000円も高いということがわかったりします。

　たくさん商品があれば、すべての商品の個々の粗利を計算するのは大変な作業となりますので、大分類や中分類、小分類といった分類を行って、分類ごとのおおよその粗利を把握する方法でも構わないと思います。

　沖縄そば屋さんの場合は大分類を食べ物か飲み物、中分類はセットか単品か、小分類はそば、石垣牛、マグロ、その他で分けています。

—— 34 ——

商品素材ごとに粗利率が違い、単価も異なるので、そのような分類にしています。

　また、アパレル企業などの場合で、主力商品がリュックサックであった場合は、リュックサックというジャンルに特定し、個々の商品の個々の粗利だけはきっちり把握する、という方法でもいいと思います。

　大切なのは、自分の会社の総粗利が、どのような商品やサービスで構成されており、主力商品やサービスが何かということをなるべく数字で詳細に把握することだと思います。

(3) 粗利の最大化

　粗利の最大化が最終的なキャッシュの最大化につながります。キャッシュが最大化でき、毎月、毎年着実に現預金が増えていけば、企業は毎年より大きな商いを行うことができます。破産の原因である支払不能からどんどん遠ざかっていきます。

　このことを「財務体質がよくなってきている」と言います。

(4) 粗利を上げる方法

　粗利を最大化するには、①売価を上げる、②原価を下げる、③販売個数を増やす、の3つしか方法はありません。

　ここで多くの経営者は原価を下げる方法しか選択できません。下請けや仕入先を泣かせて、自分の粗利を上げるということになりますので、下請け業者にも抵抗されて、信頼関係がなくなります。

　売価を上げる方法を選択すると取引先などに値上げ交渉が必要となりますので、多くの経営者がそれは無理だと言います。

　では、販売個数を上げる方法はどうかと聞きますと、不景気だから

第2章　経営者にとっての決算書の基本

とか、すでに生産ラインは一杯なので、これ以上販売個数を増やすことはできないとか、いろいろな言い訳をしてあまり動こうとしません。

　自分の会社の粗利の現状をよく知らないのなら、粗利分析表を作成することをお勧めしています。

4. 何が総利益の主流になっているか
──粗利分析

（1）粗利分析表の作成

　過去1年間の総粗利を一覧表にまとめると、どのような取引先、ど
のようなサービスや商品が、どの程度の割合や数で会社の総粗利を構
成しているのかがわかります。下はある沖縄そば屋の粗利分析表です。

※変動費＝仕入・材料費当

	メニュー 大分類：食べ物	中分類	小分類	価格 （円）	変動費 ※	粗利	年間数量	価格×数量 （円）	変動費×数量 （円）	粗利×数量 （円）	全粗利中 の割合
1	ソーキそばセット	セット	そば	1,180	295	885	4,500	5,310,000	1,327,500	3,982,500	18.87%
2	石垣牛ハンバーグそばセット	セット	石垣牛	1,980	990	990	2,250	4,455,000	2,227,500	2,227,500	10.56%
3	石垣牛ステーキそばセット	セット	石垣牛	3,980	1,990	1,990	1,050	4,179,000	2,089,500	2,089,500	9.90%
4	石垣牛餃子そばセット	セット	石垣牛	1,480	444	1,036	1,800	2,664,000	799,200	1,864,800	8.84%
5	石垣牛そばセット	セット	石垣牛	1,600	640	960	1,500	2,400,000	960,000	1,440,000	6.82%
6	石垣牛そば	単品	石垣牛	1,300	390	910	1,500	1,950,000	585,000	1,365,000	6.47%
7	石垣牛牛丼そばセット	セット	石垣牛	1,780	890	890	1,500	2,670,000	1,335,000	1,335,000	6.33%
8	石垣牛餃子	単品	石垣牛	880	268	612	1,800	1,584,000	482,400	1,101,600	5.22%
9	そばセット	セット	そば	880	220	660	1,500	1,320,000	330,000	990,000	4.69%
10	鉄板まぐろニンニク焼き	単品	マグロ	980	294	686	600	588,000	176,400	411,600	1.95%
11	石垣牛ステーキ ＆ハンバーグそばセット	セット	石垣牛	4,980	2,490	2,490	150	747,000	373,500	373,500	1.77%
19	八重山そば	単品	そば	580	174	406	450	261,000	78,300	182,700	0.87%
20	まぐろの長命草和え	単品	マグロ	480	144	336	450	216,000	64,800	151,200	0.72%
34	ソーメンちゃんぷるー	単品	その他	680	204	476	150	102,000	30,600	71,400	0.34%
35	ゴーヤサラダ	単品	その他	580	116	464	150	87,000	17,400	69,600	0.33%
36	辛ミミガー	単品	その他	580	116	464	150	87,000	17,400	69,600	0.33%
37	島らっきょの塩漬	単品	その他	520	104	416	150	78,000	15,600	62,400	0.30%
38	らふてぃー	単品	その他	580	174	406	150	87,000	26,100	60,900	0.29%
39	島豆腐冷奴	単品	その他	380	76	304	150	57,000	11,400	45,600	0.22%
40	もち米じゅーしー	単品	その他	300	90	210	150	45,000	13,500	31,500	0.15%
41	黒糖氷ぜんざい	単品	その他	300	100	200	150	45,000	15,000	30,000	0.14%
42	アイス	単品	その他	300	120	180	150	45,000	18,000	27,000	0.13%
合計	（省略項目含む）						25,050	33,441,000	12,339,600	21,101,400	100.00%

※21～33の項目は省略しています。

第2章　経営者にとっての決算書の基本

会社の出発点は粗利ですので、それをまず、数字で現状把握します。

（2）総粗利に貢献している上位２割は何か？

　過去１年間の取引について、商品やサービスを大分類、中分類、小分類などで分けて、どの分類のどの商品サービスの粗利が一番会社の総粗利に貢献しているのかを把握して、１位から順番に並べ替えてみます。

　ここで多くの会社の粗利分析に当てはまるのが、パレートの法則です。パレートの法則は「２：８の法則」とも言いますが、要するに、２割の主力商品がその会社の１年間の総粗利の８割を占める場合が多いということです。

　分析する際には、商品、種類、お客様、店舗など、大中小の分類ごとに、年間で会社の総粗利に貢献している上位の商品、種類、お客様、店舗を大きいものから小さいものへ並べ替えてみます（Excel でソートすれば簡単です）。

　年間総粗利に一番貢献しているものから上位２割の、

・商品は何か

・種類は何か

・お客様はどのようなお客様なのか

・店舗はどこの店舗なのか

がわかります。

　粗利を稼いでくれる上位の商品、種類、お客様、店舗をまず把握することが大切です。なんとなく、これが売れるとか、こういうお客様がもっと欲しいとか、この店舗がいいとか、漠然としていたものが明確になるだけでも、改善策のヒントとなります。

　たとえば、粗利を稼いでくれる上位商品、種類、お客様、店舗を倍

—— 38 ——

にすれば、年間粗利も倍になるかもしれません。

　自社の粗利を稼いでくれる上位2割の商品やお客様などを特定することで、次に自社が何をするべきなのか、どこに労力を集中すべきなのかがわかります。

　販売量を増やすべき商品や顧客のターゲット層などが明確になり、開発すべき商品や開拓すべき新規顧客のイメージが明確になります。

　また、下位の2割の商品やお客様などを明確にすることも大切です。粗利の低い商品をたくさん開発したり、粗利の少ないお客様をたくさん開拓しても、労力の割に年間の総粗利は大して改善されないからです。

　粗利を構成する主力商品がわかれば、次は粗利の改善です。

　先の沖縄そば屋さんの場合は、上位2割が9メニューでそのうち、年間粗利が上位の商品が、年間総粗利の77％を占めていることがわかります。

　元々は沖縄そばだけを売っていましたが、現在では、上位9位までの商品のなかに、石垣牛が入ったメニューが7つも入っています。石垣牛は、ご当地特産牛で、脂肪が少なくヘルシーというのがウリです。消費価値の高い石垣牛のメニューを入れ込むことで、主力商品化していることがわかります。

　旅行に行くとご当地の特産品を食べたくなるものです。石垣牛をセット商品化することで、観光客に粗利の高い商品をアピールできています。

第2章　経営者にとっての決算書の基本

5. 粗利を改善する

(1) 粗利改善方法

　粗利の分析表を見て、どの商品について単価を上げましょうか？

　または、原材料費を下げましょうか？

　それとも、販売個数を増やしましょうか？

　40 位の商品を改良して上位 2 位にするという発想もありますが、それは少々難しいと思います。沖縄そば屋の例の場合、下位の 2 割の商品は、年間で 2 ％弱の粗利しか稼ぎ出していません。いずれなくしていく商品、またはあまり改善などの手間をかけないようにすべき商品ということになります。

　もちろん、**改善をするのは上位 2 割の商品**ということになります。

　飲食店であれば、まずはメニューの改善です。よりたくさん売りたい商品をメニューの一番目立つところに大きく表示します。

　また、主力商品の派生商品を販売するなど、上位 2 割の主力商品が劣化して飽きられないように、上位 2 割に集中して商品リニューアルを行います。

　沖縄そば屋の例で言えば、上位 1 位から 9 位までの上位 20 ％のなかに入っている商品の価格帯は 880 円から 3,980 円ですが、2,000 円台のものがありません。

　3 番の石垣牛ステーキそばセットは、粗利が 1 セット 1,990 円ですね。以前の主力商品であった 19 番の八重山そばの粗利は 1 杯 406 円

—— 40 ——

です。あなたならどちらを売りたいでしょうか？

　私はもちろん3番の石垣牛ステーキそばセットです。粗利が約5倍で、1セットで1,584円も粗利が高いからです。

　ただし、石垣牛ステーキそばセットは売価が3,980円と割高です。やはり、もう少し価格帯の安い2,000円台のメニューを作るべきでしょうね。

　派生商品を作るのは比較的簡単です。よくあるのは、**松竹梅商法**です。主力商品の一つの派生商品を作って販売します。特上、デラックス、スタンダードなどと分けて販売すれば、真ん中がよく売れると言われています。

　一方、八重山そばの粗利は上位9位の中で一番低い商品の粗利よりも200円以上低いのです。特産品を利用したセット商品の販売で、粗利を上げることを考えていくべきでしょう。

　粗利を上げる方法にはいろいろなやり方がありますが、一番大切なのは、単に粗利を上げることが目的ではありません。

　本当の目的は、**お客様にいかに喜んでもらうのか**ということです。主力商品を改良して新たな主力商品を開発するにしても、そこには自分の商品に対するこだわりやお客様に喜んでもらいたいという熱意がないと、うまくいきません。

　あと、主力商品に関しての注意ですが、どの業種に限らず、**欠品を出さないようにすること**が重要です。

　たとえば、アマゾンなどを通じて通信販売している業者さんは在庫不足になると、途端に掲載順位が下がって売上がどんと落ちることもあります。主力商品の在庫は、絶対に切らせないことが、在庫管理の指標にもなりますので、主力商品であるかどうかの分類は非常に重要です。

—— 41 ——

(2) 現れる壁——やはり、目的と手段

　ここでは、別の会社の例を挙げます。

　ある食品製造会社の粗利一覧表では、特定の取引先が粗利の25％を占めていて、大口の取引先でした。他の取引先は40社ほどありますが、総粗利に占める割合はどれも1〜2％です。

　食品工場はフル稼働状態で、これ以上製造個数を増やすことはできません。

　粗利一覧表を分析してみると、大口の取引先の個々の粗利は他のお客様に提供している商品の約2分の1でした。

　要するに、取引量は多いけれど、粗利が悪いという取引先です。

　この会社の取り組むべき課題は、その**大口取引先への値上げ交渉**です。値上げができなければ、粗利の改善はできません。

　では、どうしたら値上げ交渉ができるでしょうか？

　売価を上げるということは、相手方の粗利を下げることになります。どのように説得すれば、相手は値上げに同意してくれるのでしょうか？

　単に仕入代金が上がったので、売価を上げてくれと言っても上げてくれません。もちろん相手のほうが、立場が上です。

　下手に値上げ交渉を切り出せば、別の業者に仕事をとられかねません。値上げしなければならないのですが、値上げ交渉を切り出すのも怖い。逆に切られたらどうしようと考えます。

　つまり、交渉は始まる前から負けています。「値上げ交渉は無理です」と、経営者は言います。

　そこで、社内会議です。若手が発案し、お客様のエンドユーザーさんが喜んでもらえる**商品**を**開発**して、お客様に何度も何度も提案をします。

—— 42 ——

「これならエンドユーザーさんも喜んでくれるのでは？」

そんな商品ができあがります。そして、この提案を何度も繰り返していました。

同時に**新規取引先開拓**も行います。大口取引先に提案した商品を次々に提案し、徐々に新規取引先を獲得します。新規取引先の粗利額もまずまずです。

最終的には、大口取引先の粗利は改善できませんでした。値上げ交渉は失敗に終わりました。

しかし、それに代わる粗利のいい取引先が数社できたことから、大口取引先に取引停止を申し出て、新規の取引先と取引を開始しました。

たしかに、大口取引先との取引を終了してから、新規の取引先との取引が本格化するまでにタイムラグがありますが、その間の粗利の低下に備えて、新規で銀行から運転資金を借り入れました。

粗利改善には1年を要しましたが、会社の総粗利を20％改善することに成功しました。

このような、計画を立てて実践していけば、粗利の改善も無理ではなくなると思います。

人は、手にしたものをなかなか捨てることができません。捨てることは拾うことよりも10倍勇気がいるのです。

ここでも大切なことは、**粗利の改善を目的とはしないこと**です。あくまでも、会社の理念や目的、社員やエンドユーザーにいかに喜んでもらうのかということに焦点を当てて、会社も取引相手もエンドユーザーもみんなが幸せになる方法を探求して模索することが肝要です。

第2章　経営者にとっての決算書の基本

6. 決算書の着地点（現預金残高）の見方

(1) 最も重要な決算書上の情報は現預金残高

　損益計算書の経常利益や税引前当期利益だけを見て、どうしても税金を払いたくない、とあれやこれやと思案する方も多いですが、そんなことで悩んだりしても時間の無駄です。

　税引前当期利益は、税金の算出のための数字に過ぎず、中小企業の経営者にとってはあまり重要な情報ではありません。

　「では、経常利益や税引前当期利益とは一体何なんですか？　わからなくなってきました」

　そう思うかもしれませんが、私は「経常利益や税引前当期利益は、単なる気のせいと考えてください」と言います。

　せっかく決算書の出発点である粗利と着地点である現預金残高が大切だと知っても、その途中の情報である経常利益や税引前当期利益が気になって、節税して現金を支出してしまっては、何の意味もありません。

(2) キャッシュフロー

　損益計算書の最後に書かれている利益は当期利益（当期純利益）です。これが期末の貸借対照表の利益剰余金に積み上がります。

　しかし、それが当然のように、現預金残高にプラスされるわけではありません。

—— 44 ——

売上債権など、まだ現金化されていない資産も売上として利益に含まれていますし、減価償却など、実際には現金は支出されていないけれども、経費に含まれているものがあるからです。

　また、銀行への借入元金の返済は損益には関係がありません。

　実際にキャッシュになるには、キャッシュフロー計算書を見ないとわかりませんが、大まかに言って、当期利益に減価償却費をプラスして、そこから1年間の借入返済元金を引いてプラスであれば、会社のキャッシュが増加します。

> 当期利益＋減価償却費－1年間の借入金返済元金　＞　0

　上記の説明がわからなくても問題ありませんが、この計算式は絶対に覚えておいたほうがいいと思います。

(3) 現預金残高を増やすには

　会社の現預金残高を増やすには、

・税引後の利益である当期利益を増やす

・減価償却費を増やす

・1年間の借入金返済元金を減らす

という方法があります。

　後半147ページにも詳しく出てくるので、ここでは簡単に説明しますが、利益をなるべく多くし、借入をする際には、返済期間をなるべく長くして1年間の借入金返済元金額を少なくすることが重要です。

第2章　経営者にとっての決算書の基本

(4) 3期分の現預金残高を比べる

　貸借対照表は、期末の財務状況を表している一覧表ですが、それだけを見てもキャッシュの増減はわかりにくいので、過去と比較することが必要です。

　徐々に現預金残高が減っているのであれば、確実に、

当期利益＋減価償却費－１年間の借入金返済元金　＜　０

　という状態であることがわかります。そして、現預金残高が同じペースで減少していけば、いつの時点で、現預金残高がゼロになるのかがわかります。要するに、会社が倒産する時期が明確にわかるのです。

　私の事務所にセミナーや相談に来られた経営者の方には、いつ会社が倒産するのかを実際に計算していただきます。

　５年後もまだまだ現預金残高が潤沢に残っている会社は一握りで、多くの会社が数年後に倒産するという結果になります。

(5) 数年後に倒産するという計算結果

　「あなたの会社は○ヵ月後にキャッシュが尽きて倒産するという計算結果が出ています」

　そんなふうに弁護士兼税理士の私に宣告されると、どういう気分になるでしょうか？

　多くの経営者は、この世の終わりのような顔をします。

　「やはりそうだったのか、俺がバカだった。過去にこんなことやあんなことをしたのがよくなかった、やめておけばよかった」

　そして、こんな後悔をし始めます。後悔する前に気づくべきことがあるはずですが、経営者の方は後○ヵ月しかないし、銀行の追加借入

―― 46 ――

ができるかな、などと心配します。

　まず、そんな心配をする前に、まだ○ヵ月も時間があるということに気がつくことが大切です。

　そして、会社の経営が右肩下がりになっており、このまま何もしないと本当に倒産することになってしまう、という事実に気がつくことこそが重要なのです。

(6) 資金繰りが苦しい経営者

　もちろん、銀行も、資金繰りの苦しい会社は、

　　当期利益＋減価償却費－１年間の借入金返済元金　＜　０

こんな計算式になっていることはわかっています。でも、絶対に教えてはくれません。

　結局会社が倒産してしまっては、銀行も損するのに、どうして会社の返済能力を超える貸付をするのでしょうか？

　経営者の方には、会社が返済で苦しくなると、銀行は会社を守るために追加貸付をするに違いないと思っている人もいます。これも都市伝説です。

　銀行は、会社のことをこれっぽっちも考えてはいません。

　銀行は、貸付の際にプロパー（銀行単体での貸付）をなるべく少なくして、信用保証協会の枠を大幅に使って貸し付けようとします。

　会社が倒産しても、信用保証協会が代位弁済（代わりに支払うこと）してくれるので、銀行としては信用保証協会の枠内の貸付分に関しては、全くリスクがないのです。だからたくさん貸し付けます。

　ちなみに、信用保証協会は、税金で成り立っています。信用保証協会の枠を使って借入をしておきながら、それでも税金を支払いたくな

第2章　経営者にとっての決算書の基本

いという経営者の神経を、私は理解できません。

(7) メンタルヘルスと会社の健康状態は同じ

知り合いの産業医の先生から聞いた話です。

「メンタルヘルスの治療の第一歩は何だと思いますか」と聞かれて私は、「お医者さんへ行くこと」などとトンチンカンな回答をしました。

そのお医者さんは、「メンタルに問題がある人は、なかなか病院には来ないのです。まずは、自分のメンタルヘルスに問題があることに気がつくことが最も大切です。メンタルヘルスチェックは、メンタルヘルスに問題があることに気がついていただくためのものなんですよ」とおっしゃいました。

人は、自分が病気になりかけていることに気がつくと、その原因を見つけようとするし、無理をしている人はなるべく無理をしないように、自分をセーブしたりコントロールしたりするようになります。

多くの人は、病気になりかけていることに気がつかずに、無理を続けて本当の病気になってしまうということです。

実は、会社の経営も同じです。

まずは、**現預金残高が増えているのか、減っているのかを把握すること**。もし減っているのであれば、どの程度の割合で減っており、このままでいくと、いつまでしかキャッシュがもたないのか、を自分で**計算しておくこと**。それが計算できなかったら、専門家に尋ねて、自分の会社の現状を把握すること。この流れを踏むことが、倒産という重病に陥らないようにするためには大切なのです。

漠然とした不安を抱えたまま、無為に時間が経過すると改善に非常に労力が必要となりますので、早め早めの対応を心がけましょう。

―― 48 ――

7. 貸倒れを防ぐには、未然に防ぐしかない !?

(1) 弁護士の債権回収

「500万円が未回収でも下請けは待ってくれないので、早急に回収したい」と弁護士に相談したとき、こんなことが起こります。

弁護士は、依頼を受けて、着手金をもらって、訴訟をして、判決をもらって、強制執行しますが、結局は回収不能。その後、相手方の弁護士から破産の通知が来て、配当に参加するほかなくなったというケースです。

貸倒れに遭ったことで、自分の会社の債務について支払不能となり、結局破産するに至った経営者の方には、弁護士に着手金だけとられて回収できなかった、弁護士は役に立たない、と怒り心頭に発する方もおられます。

正直に申し上げると、ほとんどの弁護士は決算書が読めません。弁護士の書いた債権回収の本には、まずはじめに信用調査が必要である、と判を押したように書いてあります。

しかし、多くの弁護士は決算書が読めませんので、回収できるのかどうかについては事前に判断できません。

相手の決算書が手に入らない場合はどうしようもないですが、契約書がきっちりと整っていたとしても、相手に金がないと回収は難しいのです。

何が言いたいのかというと、**未回収金が発生した場合には、回収できない可能性が高い**ということです。

第2章　経営者にとっての決算書の基本

では、どうすればいいのかというと、それを未然に防ぐしかありません。

（2）泣きっ面に蜂の取り込み詐欺

倒産する会社は、現預金残高が少ないので、なるべく不良在庫を処分して短いサイトで現金を得ようと考えます。借入返済のために焦っています。

そこにタイムリーに表れるのが、取り込み詐欺です。こういうご相談に多く遭遇しますが、まず回収はできません。

焦っているときに限って、処分したい在庫を大量に買い取ってくれる白馬の騎士が現れますが、大きなことを言って金があるかのように装い、また取引を急ぎます。

10日後に振り込むと言って、1回目は振り込みます。2回目も振り込みます。3回目は取引額が3倍です。しかし、10日後の入金はありません。問い合わせると電話が通じません。営業所に行くとシャッターが閉まっています。1ヵ月後に弁護士から債務整理や破産申立の準備中などといった通知が来ます。

「詐欺だ、訴えてやる」と言って警察に行っても、あまり相手にされません。「それは民事の問題でしょう」などと言われてしまいます。そんなケースが非常に多いのです。

（3）取引先の決算書を入手しましょう

はじめての取引先には特に注意が必要ですが、長年のお取引先でも定期的に決算書を交換するようにしましょう。

「決算書を見せてほしいなんて要求したら、取引を断られるじゃな

いか」とおっしゃる経営者の方もおられますが、私は、そうであれば、「前金でお金をもらってから納品してください」と言います。そんなの無理だという方には、私は「では、全部のリスクを背負って取引してください」と言うほかありません。

　まずは、相手の決算書を入手します。こちらが出せば、向こうも出さざるを得ませんので、**こちらから積極的に情報開示するのも一つの方法**です。

　「弊社では社内規程上、お取引様には積極的に情報開示して、お客様の情報もいただくことになっています」と言い切ればいいのです。

　「決算書を見せろ」と言うと、取り込み詐欺師はその時点ですぐさま退散します。信用情報会社に登録して相手の情報を見てもいいですが、登録されていない場合もあるし、登録料がかなりかかりますので、中小企業は嫌がります。情報会社に支払う登録料がもったいないのであれば、自分から開示して、相手方からいただくほかありません。

　自分の会社の決算書を取引先や社員にも一切クローズにしている経営者が多いですが、実際の理由は、「決算書が読めないので人に見せるのが気持ちが悪いから」という人がほとんどではないでしょうか。

　また、決算書を読むことに対して、どうせ俺にはできないと諦めている人が多いです。

　なぜでしょうか？

　毎月税理士の説明を聞いてもよくわからないからです。決算書はよくわからないと思い込まされています。なかにはわざと専門用語を使って難しく説明する税理士もいますが、簡単に説明できないのは、能力がないか、または不誠実であるかのいずれかです。

　決算書は、実は簡単です。特殊な能力や専門の学校に行かなくても誰にでも読めます。3時間ぐらいあれば、誰でもすらすら、すいすいと読めるようになるのです。

—— 51 ——

第2章　経営者にとっての決算書の基本

　「どの程度まで読めればいいのか」という質問をよく耳にしますが、この相手と取引していいのかどうかがわかれば、とりあえずはよしとします。

　また、「この相手と取引していいのかどうかを、どうやって判断しますか」という質問も受けます。

　では、具体的に解説していきます。

第3章

自分の会社も取引先も、
決算書でチェックすべきところ

第3章　自分の会社も取引先も、決算書でチェックすべきところ

1. 取引先の決算書の チェックポイント

　まず、貸借対照表の右下の利益剰余金を創業からの期数で割ってみます。1,000万円ぐらいあれば割といい会社です。税金もきちんと支払っています。

　100万円ぐらいであれば、節税大好き社長の可能性があります。儲かっていても利益を減らすし、儲かってないときは危険な会社であるかもしれません。

(1) 当座比率

　次に当座比率を見ます。当座比率は当座資産と流動負債の比率のことです。

　当座資産とは現金、預金、売掛金などの現金化しやすい資産の合計です。これで、換金可能な資産がどれぐらいあるのかがわかります。

　流動負債とは、1年間に支払わなければならない負債です。1年以内返済長期借入金勘定（詳細は第8章123ページをご覧ください）がない場合は、とりあえず、固定負債欄の長期借入金に5分の1を掛けた金額を足します。

　長期借入金は、1年以上の期間で借り入れているものですが、そのうち1年以内に返済しなければならない負債もありますので、流動負債を正確に算出するには、長期借入金のうちの1年以内に返済する負債を足す必要があるからです。

　貸借対照表の左側には、資産が書いてあります。現金の次は預金、

—— 54 ——

売掛金などの順に続きますが、現金化しやすい順番に並んでおり、下のほうに行きますと固定資産となって、不動産等があればその欄に記載されます。

ロータックス商事の貸借対照表

借方科目	借方金額 （千円）	貸方科目	貸方金額 （千円）
現金	2,000	買掛金	10,000
当座預金	22,000	未払金	7,000
売掛金	20,000	未払法人税等	1,000
当座資産合計	**44,000**	短期借入金	30,000
棚卸資産	10,000	1年以内返済長期借入金	15,000
前払費用	500	**流動負債合計**	**63,000**
流動資産合計	**54,500**	長期借入金	103,000
建物	100,000	その他固定負債	10,000
構築物	30,000	**固定負債合計**	**113,000**
器具備品	20,000	**負債合計**	**176,000**
減価償却累計額	-40,000	資本金	10,000
有形固定資産合計	**110,000**	利益剰余金	14,000
電話加入権	500		
無形固定資産合計	**500**		
投資有価証券	35,000		
投資等合計	**35,000**		
固定資産合計	**145,500**	**資本合計**	**24,000**
資産合計	**200,000**	**負債・資本合計**	**200,000**

　会社にとって一番重要なものは現金です。だから資産の欄の一番上に書いてあります。その次が預金で、現金とほぼ同じくらい大事です。だからその次に書いてあります。次に重要なのが受取手形や売掛金で、それは現金化しやすい資産だからです。

　流動負債は、1年以内に返済しなければならないものです。返済しないと信用がなくなります。支払手形を決済しないと不渡りとなり、

第3章　自分の会社も取引先も、決算書でチェックすべきところ

銀行取引が停止されます。仕入などの買掛金を払わないと仕入ができません。短期借入金も返済しないと銀行等から訴訟提起されて強制執行される可能性もあります。流動負債は、固定負債と比べて危険です。貸借対照表の右側は危険な順に並んでいます。

　当座比率は、会社にとって最も重要なものと、最も危険なものを比べるためのものです。**会社のキャッシュなどの当座の資金で流動負債を支払うことができるのか、この会社は1年もつのかどうかが一目でわかります。**

(2) 当座比率の意味

ロータックス商事の例の場合、

$$当座比率 = \frac{当座資産合計額}{4,400万円} \div \frac{流動負債合計}{6,300万円}$$

これで、69％です。

さて、この意味がおわかりでしょうか？

100％であれば、1年分の負債を返済するだけの当座資産はある、ということになります。69％ということは、1年間に返済しないといけない負債を払うだけの当座資産がないということです。

では、具体的には、何ヵ月この会社はもつのでしょうか？

その計算は、当座比率に12ヵ月を掛ければわかります。

69％ × 12ヵ月 = 8.28ヵ月となります。

要するに、この会社は、全く利益が上がっていなければ、8ヵ月と1週間で当座の金がなくなる会社であるということです。

決算日が12月31日であった場合は、12月31日にあった当座の

—— 56 ——

金が8月の初旬頃には、なくなっている可能性があります。

利益が出ていれば、8月の時点においても当座資産はまだあるかもしれません。逆に赤字であれば、4月の時点ですでに当座資産がなくなっている可能性があります。

当座比率を出し、いつまで今の会社がもつか、必ず計算しましょう。会社の命運を決めると言っても過言ではありません。

たとえば、全く利益が出ておらず、当座の金が底を尽きている会社が、8月にあなたの会社に新規の取引を申し込んできたとします。

あなたは、この会社とお取引をしますか？

私は現金取引以外であれば、絶対に取引しません。こんな会社に債権を持っても手持ち現金額がなく、回収に苦労することは目に見えているからです。

また、こんな会社に裁判を起こしても執行不能となりかねません。

そうならないように、いつまで会社がもつのかを知り、利益を増やす対策を立てるのです。

では、実際に裁判を起こしたときに回収できるかどうかを見ます。

それがわかるのが自己資本比率です。

(3) 自己資本比率

自己資本比率は、自己資本が会社の総資産に占める割合です。

とりあえずのキャッシュや売掛金などのたちまち支払いに充てることができる資産を持っているかどうかがわかるのが当座比率でした。

一方、**自己資本比率は、持っている資産のすべてを換価したうえで、債務を弁済することができるのかどうかがわかります。**

ロータックス商事の自己資本比率はどうでしょうか？

第3章　自分の会社も取引先も、決算書でチェックすべきところ

$$自己資本比率　=　\frac{自己資本}{2,400\,万}　÷　\frac{総資産}{2億円}$$

これで、12%です。

どうですか、回収できそうでしょうか？

私は十中八九とれないと思います。

自己資本比率は、自己資本（資本資金と利益剰余金）の総資産に対する比率です。12%ということは、総資産に対する負債の割合が88%であるということです。会社の資産はほとんど借金で賄われているということです。

でも、自己資本が総資産の12%あり、それだけの資産が残っているので、裁判を起こして強制執行すれば回収できるのではないかとも思えます。

では、総資産の12%のお金や資産が実際にあるのかどうかを検討してみましょう。

2億円× 12% = 2,400万円となります。

決算書上は、すべての負債を支払った後でも2,400万円に相当する資産があるはずということになりますので、債権回収は可能かもしれません。

次に、すべての負債を支払った後でも2,400万円に相当する資産があると言えるのかを検討してみましょう。

2. 貸倒れを防ぐための
取引先の決算書の読み方

(1) 貸借対照表の左側をチェックする

　現金は 200 万円、当座預金は 2,200 万円あります。キャッシュは、たしかに期末にはそのままの金額があるはずです。

　しかし、売掛金以降の資産は、決算書上の金額で換金できるのかどうかは評価を経ないとわからないと言えます。

　まず**売掛金**については、その売掛金には、不良債権が含まれているかもしれません。売掛債権があっても回収可能であるかどうかは、実際に請求してみないとわかりません。

　次に**棚卸資産**です。たしかに、決算書上の金額は 1,000 万円ですが、実は、全く売れない不良在庫なのかもしれません。これを売却しても 1,000 万円で換金できるかどうかはわかりません。

　次に**前払費用**です。費用なのにどうして資産に計上されているのでしょうか？　本当はすでに支払った経費ですが経費として認めてもらえないので、経費計上できるまでは、とりあえず資産に計上することになっています。もともとは何かの費用なので、キャンセルしても返してもらえるか、換価価値があるかどうかは請求してみないとわからないのです。

　次に**建物**です。決算書上は 1 億円の価値がありますが、換価価値がいくらなのかは評価が必要です。経過年数などから価値が半額以下になっている可能性もあります。

　次に**構築物**です。舗装や壁を設置したときの価格ですが、換価価値

第3章 自分の会社も取引先も、決算書でチェックすべきところ

は、低いと推察できます。

次に**器具備品**です。動産類ですが、換価価値は、非常に低くなるのが通常です。

次に**電話加入権**など今となっては無価値です。

次に**有価証券**です。関連会社株であれば恐らく換価価値はほぼないと思われます。上場株式なら換価価値があると思われます。ただし、期末で存在していたとしても、すでに処分されてなくなっている可能性もあります。

それにしても、自己資本比率が低いのに、どうして投資有価証券が3,500万円もあるのでしょうか？

でも、こういう会社も結構あります。

この会社ではありませんが、結構多額の保険積立金がある会社があります。当座比率も自己資本比率も低くて、**お金がないのに節税目的で利益を減らすために保険を買います。典型的な節税体質の会社であ**ることがわかります。

以上の通り、キャッシュ以下の資産は、評価したり、換価してみないと実際の価値はわかりません。

ただし、キャッシュについても、これは12月31日時点ではたしかにあったはずですが、その後に赤字経営をしていれば、なくなっていても不思議ではありません。

とすると、2,400万円に相当する資産が残存している可能性は非常に低いと推察できます。

よって、このような会社に訴訟提起しても、全額回収できる可能性は非常に低いと言わざるを得ません。

—— 60 ——

(2) 当座比率と自己資本比率

当座比率は、とりあえず支払いに充てることができるキャッシュが
あるかどうかがわかります。自己資本比率は、換価した後に払えるだ
けの資産があるかどうかがわかります。

売掛金はなるべく早期に回収する必要があります。当然、すぐに支
払ってもらえる可能性が高いかどうかがわかる当座比率を重視すると
いうことになります。

よって、貸倒れを防止するには、当座比率が重要であるということ
になります。当座比率が150%であれば、利益が出ていなくても1
年6ヵ月は支払えるお金があるということになりますので、とりあえ
ずは安心できます。

ただし、赤字経営であれば、当座資産がなくなっている可能性もあ
るので、当座比率は、なるべく高いに越したことはないということに
なります。

(3) 自己資本比率が50%であると胸を張る社長

「うちの会社の自己資本比率は50%以上ある」と自慢する経営者が
多いのですが、本当に自慢できることなのでしょうか?

ロータックス商事の総資産額が2億円で、自己資本比率が50%で
あった場合、自己資本は、すべての負債を返済した後でも換価価値が
1億円あることになります。

では、実際に1億円の換価価値があるでしょうか?

建物の価値が半額以下であればどうでしょうか?

投資有価証券が子会社株で採算の合っていない焼き肉屋だったらど
うでしょうか?

第3章　自分の会社も取引先も、決算書でチェックすべきところ

　実際には、1億円もない可能性が高いです。

　自己資本比率が50％であるだけでは、安心はできません。**中小企業は、比率だけではなく、総資本の額も重視する必要があります。**

　仮に、ロータックス商事の総資産額が10億円で、自己資本比率が50％であればどうでしょうか？

　自己資本は5億円です。すべての負債を返済した後の換価価値が5億円であるかどうかはわかりませんが、数億円程度の換価価値ならありそうだと推測できます。

　総資産額が2億円の場合よりもかなり安心感があります。

　総資産が2億円で自己資本比率が50％であったとしても、年間の売上高が1億円であれば、それなりの損失も出ている可能性があり、1億円の自己資本は風前の灯である可能性もあります。

　ですから、中小企業の場合は、自己資本比率だけではなく、自己資本額も重視してみてください。

(4) 類は友を呼ぶ

　「そんなこと言っていたら、誰とも取引できないじゃないか」と言われることがあります。「数字だけでは商売はできないぞ」などという声も聞こえてきそうです。

　たしかに一理ありますが、相手の当座比率を知って取引するのか、知らずに取引するのかで、将来的な結果が大きく違ってきます。

　自分の取引先がいかに危険であるかを知ることで、将来的には危険性の低い、いい取引先と取引がしたいと思うでしょうし、そのためにはどうしたらいいかがわかるからです。

　では、ご自身の会社の当座比率や自己資本比率はどうでしょうか？

　相手と比べてどちらが信用のある会社でしょうか？

自分の会社も取引先の会社も、だいたい同じレベルであることが多いです。なぜかと言うと、自分よりかなり財務体質が悪い会社と付き合うのはリスクが高いし、その必要もないからです。

　よって、安心できる財務体質のお客様とお付き合いしたければ、自分の会社の財務体質もよくしなければいけないということになります。

　そのためには、少なくとも当座比率と自己資本比率ぐらいは理解しておいたほうがいいでしょう。

　自分の会社の財務体質がよくなると、それに比例していい得意先が増えていきます。類は友を呼ぶのです。

　ということは、取り込み詐欺が寄ってくる会社というのはどういう会社なのかは、自ずとわかるというものです。一番来てほしくないお客様を知らず知らずのうちに自分で引き寄せているのです。

第 3 章　自分の会社も取引先も、決算書でチェックすべきところ

3.　労働問題から社長の姿勢がわかる

(1) 経営者の人に関する悩み

　中小企業の経営者には、人が定着しないとか、優秀な人材がなかなか育たないなどのお悩みを抱える方が多いです。

　残業代の未払いなど法律上の労働問題や社員同士のトラブルなど広い意味での労働問題を抱えている経営者も少なくありません。

(2) 労働法は悪法か

　「弁護士は、法律だからと言って杓子定規なことばかり言う。中小企業がコンプライアンスをそのままやると、ほとんどの会社が潰れるはずだ。弁護士は世間をわかっていない」などといった、お叱りをよく受けます。それが経営者の本音といったところでしょうか。

社長：働き方改革？　そんなの関係ない。有給休暇なんて全部取らせたら、1年の3分の1は休みやないか？　休んでのに何で給料払わんといかんのや？　うちは日給月給やから働かんと給料出んのや。嫌やったら辞めたらいい。ほかの会社も同じや。

私　：うーん。それでは人は定着しないし、優秀な人は絶対にそんな会社には行きません。あなた自身もそんな会社には就職したくはないでしょう？

社長：いや、わしの若い頃は、○○○が当たり前やった。それでも一

—— 64 ——

生懸命やったから今があるんや。・・・（つづく）

こんなやり取りを長々と続けても意味がないので本題に移ります。

(3) 損益計算書を見る

ロータックス商事の損益計算書

Ⅰ　売上高		
売上高		100,000,000
Ⅱ　売上原価		
期首商品棚卸高	2,000,000	
当期商品仕入高	50,000,000	
計	52,000,000	
期末商品棚卸高	2,000,000	50,000,000
売上総利益		50,000,000
Ⅲ　販売費及び一般管理費		
広告宣伝費	1,000,000	
役員報酬	7,000,000	
給料・賞与	27,000,000	
旅費交通費	500,000	
水道光熱費	500,000	
消耗品費	1,000,000	
交際費	1,000,000	
減価償却費	6,000,000	
雑費	1,000,000	45,000,000
営業利益		5,000,000
Ⅳ　営業外収益		
受取利息	1,000,000	1,000,000
Ⅴ　営業外費用		
支払利息	3,000,000	3,000,000
経常利益		3,000,000
法人税及び住民税		1,000,000
当期利益		2,000,000

第3章　自分の会社も取引先も、決算書でチェックすべきところ

(4) 平均給与と労働生産性を計算したことがありますか?

①平均給与

　社員のモチベーションが低いと嘆く経営者は少なくありません。なぜモチベーションが低いのでしょうか。とりあえず、平均給与を計算してみましょう。

　このロータックス商事の社員数は9名です。給与総額は2,700万円ですので、2,700万円÷9名＝300万円

　ロータックス商事の平均給与は300万円です。

　平均給与が300万円の会社は、社員にとって魅力的でしょうか?

　この会社に勤務し続けて、将来給与が500万円になることはあるでしょうか?

　この会社に社員として一生をかけることができるでしょうか?

　答えは社長自ら出すべきです。

　もちろん、給与だけが社員を引き留めるとは言いません。給料の多い少ないだけですべてを判断することはできませんが、**将来的に夢を見ることができない会社に長居する社員は少ないのではないでしょうか。**

②労働生産性

　労働生産性は、会社の総粗利である**売上総利益を社員人数で割ります。**社員一人当たりが年間でいくら粗利を稼いだのかがわかります。

労働生産性　＝売上総利益　÷　社員数

　ロータックス商事の年間総粗利は、5,000万円です。社員の人数は9名です。

―― 66 ――

労働生産性は、5,000万円÷9名＝555万円となります。

　労働生産性についての詳細は第14章178ページに譲るとして、ここでは簡単に触れたいと思います。

　決算書の出発点が粗利であるという説明はすでにしましたが、会社は、稼いだ粗利から給料などの固定費を支払うことになります。

　給料は粗利総額のうち、どの程度を占めるでしょうか？

　会社の業種によってまちまちですが、ほとんどの会社において、**社員の給与が、固定費の中で一番大きな割合を占めています。**

　稼いだ粗利の額が低ければ、固定費をなるべく抑える必要がありますが、人件費を抑えるには限界がありますので、粗利に占める社員給与の割合が高くなる傾向にあります。

　労働生産性が500万円の会社であれば、社員給与が約半分だとしても250万円程度の年収しか、その会社の社員はもらうことができません。

　ところで、労働生産性を計算したことがある経営者の方は、どれぐらいいるのでしょうか？

　決算書が読めない経営者は労働生産性を計算することができません。決算書を読める経営者にあまり会ったことがないことからすれば、自社の労働生産性の額を知っている経営者はあまりいないと思います。

　労働問題が発生する会社の社長の多くは決算書が読めません。労働生産性が低いことすら知りません。

　社長が自社の現状を把握できないのに、どうして社員の気持ちまで理解することができるのでしょうか？　社員がこの会社に夢を抱けないとしたら、それは誰の責任でしょうか？

第3章　自分の会社も取引先も、決算書でチェックすべきところ

(5) 社長は労働生産性を上げろ

　労働生産性が低く、平均給与が低いのであれば、労働生産性を上げて、平均給与を徐々に上げていくほかありません。労働生産性を上げることができるのは誰でしょうか？

　そもそも社員は、労働生産性など知りません。決算書すら見せてもらえない社員がほとんどです。**労働生産性を高めるには、会社の粗利総額を高めるほかありません。**

　粗利総額を高めるにはどうすればいいでしょうか？

　会社の粗利総額を分析したこともなく、個々の商品やサービスの粗利額すらも把握できていない経営者が、どうやって会社の粗利総額を上げることができるのでしょうか？

　経営者のなかには、会社の粗利率が前年に比べて落ちたとしても、それに全く気がつかない方も多くいます。１％でも粗利率を上げるには相当の努力が必要であるにもかかわらず、減っていても気がつかないなんて、信じられません。

　現状の把握がいかに重要であるかをご理解いただければ幸いです。

(6) 労働問題は社長の問題

　訴訟に至るほどの労働問題は氷山の一角です。社員不満足はただ単に平均給与の低さや労働生産性の低さが原因であるとは言いませんが、**経営者が労働生産性などの現状を把握しようとしない以上、決して社員不満足が解消することはありません。**

—— 68 ——

第4章

経営者自身と
経営の現状把握

第4章　経営者自身と経営の現状把握

1. 経営理念や目的を覚えていますか?

あなたはどうしてその仕事を始めましたか?
どんなことにやりがいを感じますか?

　経営理念や目的を作るときによくする質問です。
　経営理念や目的について、「抽象的であいまいなので、よくわからない。とりあえず作ったけど、どこか腑に落ちない」と正直にお話ししてくださる経営者の方もおられます。
　たしかに経営理念や目的は、抽象的で目に見えません。それは形而上のもの（形のないもの）であり、形而下のもの（形のあるもの）ではありません。
　そのため、経営者ですら覚えていないという人も多いようです。
　しかし、経営理念や目的が明確ではないという会社は、倒産予備軍に入っていると言っても過言ではありません。
　最近では、経営理念や目的が、ビジョンやバリューといった言葉で表現され、いろいろなところでセミナーなども行われていますが、どれぐらいの方が、自身で作成された経営理念や目的に強い確信を持たれているのでしょうか?
　また、経営理念や目的をお持ちの経営者の方であっても、なかなか社員に浸透しない、気持ちがわかってもらえない、といった悩みがあります。
　その悩みの解決法をお伝えする前に、ひとつ質問があります。
　あなたの事業計画や決算書に、経営理念や目的は反映されています

—— 70 ——

か？

　経営理念や目的を心から信じている経営者の事業計画には、それが表れています。

　①今までの経験や仕事を始めたきっかけ
　②大切な人からかけていただいた言葉
　③人生での大失敗などからこんな会社にしたい
　④人生をかけてこういうことを実現したい

　経営者の思いがこもった経営理念や目的を作成します。
　自分の立てた経営理念や目的を心から信じ切って、行動することができるようになれば、目標として掲げた事業計画書の数値目標とのずれも素直に受け入れられますし、決算書上の数値にも注意を払うようになります。

第4章　経営者自身と経営の現状把握

2. 現状把握と事業計画・行動計画

(1) 会社の理念や目的実現するための事業計画

　事業計画ですが、一般に中期経営計画と単年度計画を作成します。

　事業計画は、理念や目的を実現するために作成しますので、目的に対する手段ということになります。会社の理念や目的が、事業計画に反映されているはずですし、反映されていなければ何の意味もありません。

(2) 理想の会社をイメージした具体的な事業計画

　事業計画をどのように作るのかについては、さまざまな書籍が出ているので、ここでは詳細には説明しません。中期経営計画も単年度計画も、粗利の分析表を参考にして、売上や粗利の数値目標を書いていきます。決算書の出発点は粗利ですので、粗利から逆算して売上額の目標数値を作成してください。

　中期経営計画を先に作成し、その中期経営目標を達成するための必達目標として単年度計画を作成します。

　中期経営計画はあまり現状や過去の経験に囚われず、5年後にどんな会社になったらいいのかという、5年後理想とする会社のイメージを持って作成します。

　さて、いきなりですが、5年後に現在の売上を10倍にするのであ

—— 72 ——

れば、毎年複利で何％ずつ売上を上げていけばいいでしょうか？

　5年後10倍にするには毎年158％増を達成することが必要となります。毎年、前年比約1.6倍です。

　翌年度の売上を2倍3倍にまでする必要はなく、1.6倍弱で5年続けば5年後には10倍になります。業種によりますが、決して無謀な数字ではありません。

　皆さんも、今までの経験や実績に囚われず、一度、理想の会社像をイメージして事業計画を作成してみましょう。

　少なくとも、そもそも5年後に10倍なんてありえないという、自分の思い込みに気がつくことができると思います。

　また、理念や目的から考えて、5年後に社員数は何人ぐらい必要なのか、平均給与をどれぐらい上げたいと考えているのか、という考えを具体的な数値で反映させます。

　①社員一人当たりの粗利はいくらぐらいか
　②社員一人当たりの粗利をどの程度増やすべきなのか
　③そうやって増えた粗利を給与という形でどのように社員に還元するのか
　④自分にもどの程度還元するのか

　これらを考えて数値化します。

　事業計画を立てると、目標数値である売上や粗利を上げるためには、労働生産性という社員の貢献度を数値化する作業が必要となります。

　経営者が、今までに考えたことすらないという事実に気がつくことが非常に大切です。

　また、決算書の着地点は現預金残高ですので、5年後や1年後の現預金残高についてもきちっと数値化します。

—— 73 ——

第4章 経営者自身と経営の現状把握

　キャッシュフローが悪い会社であれば、粗利をどの程度改善し、販管費をなるべく抑えて、税金を支払った結果、残った当期利益を貸借対照表の利益剰余金に積み上げて、5年後の現預金残高をどれぐらいにしたいのかを考えて作成します。

　事業計画は数値計画です。数値計画を作成する中で、いろいろなことに気がつきます。目標が完成すると、作成当初は、こんな会社になればいいと、経営者はワクワクするものです。

　今の負債の状況やキャッシュフローの状態から、計画通りに業績が改善していけば、かなりいい会社に生まれ変わります。

　このワクワク感が楽しいのです。**せっかく作るのですから、ワクワク感を存分に味わって作りましょう。**

(3) 行動計画

　売上や粗利の増強には、それに伴う行動も必要となります。行動計画については1年分を作成します。

　①新規開拓の営業方法はどのようにするのか。
　②お客様をどの程度増やさなければならないか
　③ターゲットはどの地域のどのようなお客様なのか
　④新商品を開発するのか
　⑤その商品をどのようにアピールするのかなど

　じっくり考えます。

　あんなこともやってみたい、こんなことにもチャレンジしてみたいとアイデアが溢れ出てきます。

　時間がかかることについては、1年単位で行動計画の経過をまとめ、

すぐに実践できることについては４半期単位や月単位で計画をまとめます。

たとえば、運送業で目標とする売上を達成するには、トラックの台数を１年間に何台増車するかが決まれば、それを運転するドライバーを何名採用しなければならないかが決まります。そして、その採用方法をどのようにするのかを行動計画にまとめます。

また、増やしたトラックで荷物を運ぶこととなる新規取引先の開拓をどのようにするのか、月にどれぐらい商談して、どのような提案でどの程度の粗利で何件開拓すれば目標の数値に達するのか、単価と数を割り出して、それを達成するための行動を計画にして記載します。

行動計画ができあがると、経営者にはやる気がみなぎるでしょう。

「これさえやり切れば明るい未来が待っている」「今まで困っていたことがすべて解消できるのではないか」「借金が減って資金繰りが楽になり社員も幸せにすることができる、家族も喜んでくれる」といいこと尽くしだからです。

理念や目的から、５年後の中期経営計画、単年度計画が完成し、単年度の行動計画が完成しました。経営者のやる気は十分です。

「もうすでに、成功の第一歩は踏み出している」と経営者はそう感じています。事業計画を完成させた直後の経営者の姿です。

第4章　経営者自身と経営の現状把握

3. 数値目標が手段から目的になる!?

(1) 事業計画の作成後

しかし、問題となるのは、事業計画を作成した後のことです。

自分で作成した事業計画ですが、経営者自身が数値目標に囚われ始めます。

よくあるのが次のような状況です。

自分で自分に課した数値目標を達成するために行動しても、結果がついてこない状況です。一つの壁にぶつかると一気にテンションが下がり、事業計画書を見ることもだんだんとつらくなってきます。

また、社員に事業計画を公表して、各社員に対して自分の目標を立てさせ、それを経営者が管理しつつ、社員に目標を達成してもらおうとしても、なかなか思うとおりにはいきません。

はじめに立てた計画と実績がどんどんずれてくるので、経営者は徐々に焦ってきます。

「事業計画通りにいかないのは、社員がノルマを達成してくれないからだ」

「取引先が値上げに応じてくれないからだ」

などといったように、事業計画通りに結果が出ないことを自分以外の第三者のせいにして、経営者が自身を正当化するようになります。

数値目標はあくまで手段ですが、数値目標を立てるとそれは無意識のうちに目的へと変わります。どうしても達成しなければならないノルマへと変わるのです。

—— 76 ——

数字は無機質です。売上○％アップなどという数値目標に囚われて、それを達成したいと考えた瞬間に本来の目的を忘れてしまいます。それが数値目標の怖いところです。

　なぜ、数値目標が目的へと変わるのでしょう？

　それは、目的や理念自体が経営者の腑に落ちておらず、確信に至っていないからでしょう。もともと、目的や理念というものは形のない抽象的であいまいなものですから、数値という明確なものに引きずられると、数値目標自体が目的へと変わってしまうのです。

　そんなときは注意しなければなりません。目的実現のために作成した目標によってかえって会社の状況が悪化する場合もあるからです。どうして達成できないのか、とその原因を追究し始め、誰かにその責任を取らせようとすることすらあります。

　事業計画と実績が大きくずれ出すと、無理に軌道修正しようと考え、かえって方向性がずれ始めます。

(2) 本末転倒

　事業計画に基づく行動の結果は、決算書や試算表の数値として表れます。その数値によって、会社経営の現状把握をしていきましょう。

　数値による現状把握は、会社の経営上の問題点と課題を抽出するために行います。

　計画と数値結果には必ず、ズレがあります。そのズレにこそ会社の経営上の問題と課題が隠されているのです。

　問題点をとらえ損ねると、課題もとらえ損ねます。課題を克服して数値目標を達成したとしても、本来の理念や目的は達成できません。

　決算書の読み方のところでもお話ししましたが、**決算書の出発点は粗利で、着地点は現預金残高**です。

第4章　経営者自身と経営の現状把握

　ところが、多くの経営者はその中間にある当期利益に囚われて近視眼になると、節税のために無駄な支出をしてしまいます。結果として会社の現預金残高が減少して会社の財務状態が悪くなり、何かあると倒産するような体力のない会社になってしまいます。

　経営計画でも同じことが言えます。

　出発点は目的です。経営計画は単なる手段ですが、その手段に囚われるあまり、出発点を忘れて近視眼になり、経営がうまくいかなくなってしまいます。

　とすれば、月次の試算表や決算書の数値を見て、出発点の目的に沿った行動がとれているのか、目的達成のためにとった行動が決算書にどのように表れているのかを検証することが大切です。

　決算書からは、次のことがわかります。

　①お金をどの程度稼いだのか
　②何にいくら使ったのか
　③その結果会社の負債はどうなったのか
　④資産はどうなったのか

　立派な理念や目的を掲げても、それに伴った行動がとれていなければ、それが決算書に反映されます。

　一度、**目的に沿った行動がとれているか、決算書を見ながら**振り返ってみましょう。

　数値目標に囚われて、拡大路線をとろうとしても、経費ばかりがかさみ、売上はなかなか上がらず、毎月のキャッシュの状態がかえって悪くなっていくこともあります。

　財務が悪化すると、余計に数値に囚われて、売上や粗利の増加に意識が集中するようになり、数値を達成したいがために本来の目的とは

—— 78 ——

逆方向の行動をとったりする方も現れます。

　従前から節税に囚われている経営者は、理念や目的を掲げてみても、結局は決算期直前に誘惑に負けて節税してしまうこともあります。

　なかには利益を出しすぎてしまったと感じた経営者が、どうしても節税方法を見つけることができず、税理士に泣きついて、苦肉の策として、長年会計係として勤めてきた高齢の母親に役員退職金を出すことにして多額の節税をする方もいます。

　ここまでくると、事業計画を作成した意味も、経営理念も全く意味がなくなります。これを本末転倒と言います。

　嘆かわしいことですが、**問題は本末転倒していることを経営者ご自身も気づいていない場合が非常に多い**ということです。

第4章　経営者自身と経営の現状把握

4. 目標未達成の原因と課題

(1) 事業計画と行動の結果のズレの原因

　数値計画と結果のズレは単なる現象に過ぎません。そこには、数値が不足しているという事実があるだけで、原因はほかにあります。

　しかし、一般的には従前と同じ方向性で問題を解決しようとします。

　仮に新規開拓件数が足りない場合は、より多くの見込み顧客を訪問したほうがいいとか、名刺の獲得件数を増やすとか、プレゼンの仕方が悪いかもしれないのでロールプレイングを繰り返すとか、目標数値と結果のズレにのみ着目して、その差をいかに縮めるのかが問題であると考えがちです。

　要するに、**数値目標を達成できないのは、行動計画上の行動の質が悪い、または量が足りないことが原因であり、それが問題であると考えてしまうのです。**

　そうした結果、数値目標が達成されると、さらに数値を追求するようになります。

　この数値目標の追求は無限に繰り返されます。数値目標の追求はある程度は継続しても、次第に疲弊していきます。一体何のためにこんなことをやっているのか、と自問自答をし始めます。モチベーションが低下し、いずれは再び未達成が発生するようになります。

　気がつけば、経営者一人が突っ走り、後には誰もついてきていないという状態にもなりかねません。

—— 80 ——

(2) 問題点と課題は、理念と目的のなかに存在する

　理念や目的を掲げ、その目的を達成するために目標を設定しました。

　その目標を達成できない場合は、目的へさかのぼってその原因を探求する必要があります。

　数値目標は、理念や目的を達成するための単なる手段であり、数値目標を達成できない原因を目標に求めること自体が間違っています。

　本来の理念や目的からして、会社の商品やサービスについて、より改善できるところはないのか、ということを徹底的に検証するのです。

　「一般的な業界基準からすれば、うちはソコソコだから、これでいいのではないか」

　「この程度の料金であれば、この程度のサービスで十分だろう」

　「面倒くさいけれど、お客様にはわからないから大丈夫だろう」

　「この程度のロスや不良品の発生は不可避である」

　などと、無意識のうちに**自分の商品やサービスに妥協している部分が必ずといっていいほどある**のです。

　仮にそんな気持ちで仕事をしていることをお客様が知ったとすれば、仕事は確実になくなります。経営者自身が、自分自身のサービスや商品に無意識のうちに妥協し、諦めている部分がないか、自問自答しましょう。

　数値目標が達成できないのは、自分自身の掲げた目的や理念に対して、経営者自身が実は心の底から確信を持てていないということが原因です。

　手のひらを差し出すと下に影ができますが、影が現象であり、その現象をいくら変えようとしても、元々の手の形を変えない限り変わることはありません。手のひらは心や考え方であり、心や考え方の間違いに気がついて、それを変えない限り、影が形を変えることはない、

—— 81 ——

第4章　経営者自身と経営の現状把握

と教わったことがあります。

　事業計画を作成して未達が発生した場合、それは単なる影であり、未達の数値自体をいくら変えようとしても変わるものではありません。**根本的な問題点は経営者の目的や理念に対する心の姿勢にあると思います。**

(3) 自己中心的な問題点と課題

　常に漠然とした不安を抱えている経営者は、経営上の問題点について、自分中心で考え、自分の不満がそのまま経営する会社の問題点であると考えます。

　人・物・金で見てみましょう。

　人については、理念をいくら説明しても浸透しないとか、人が定着しないとか。

　物については、楽で簡単に儲かる商品やサービスはないかとか。

　金については、新規投資をしたいが、現在の財務状況であれば借入が難しいが何とかならないかなど。

　あくまで自分の目線で、自分の欲求が満たされない部分に着目して、これが問題点である、これを改善する方法が課題であるととらえがちです。

　経営者個人の欲求を満たすため、経営者自身は必死に頑張るかもしれませんが、それを社員の方が主体的に助けるとは到底思えません。

　一度、自分から離れて、ご自身で立てた目的や理念に照らして、ご家族、社員、会社、地域、業界、日本全体について、どんな問題点があって、それを自らの仕事を通じて解決できないか、という目線に変えてとらえ直してみる必要があります。

—— 82 ——

５．ある運送会社の倒産の危機と課題の克服

(1) ある運送会社の例

　中型トラック50台を保有するＡ社の代表者は二代目です。父から受け継いだ会社を守っています。会社を承継してすでに10年が経過し、年齢も40代に差し掛かり、自分の代で、まずはトラック数を200台にして会社を発展させたいと考えていました。

　しかし、結局は考えるだけで何年も行動できずにいました。

　この会社には、節税税理士がついていました。**税理士は、期末近くになると二代目社長に対し節税を勧めます。**そのために、会社の平均的な純利益は低く、財務の状況も悪くなっていました。

　二代目社長は、このままでは何も変わらないと思い、経営計画を立てて業績をアップしたいと考えました。

　会社の目的や理念も考えて、中期経営計画書と単年度計画書を作成し、社員全員に発表しました。目的や理念を作成した際の自分の思いについても語りました。他の役員の方たちは二代目が徐々に変わってきたことに対して期待感を持っています。

　事業計画作成後は、粗利の分析を行って特定の会社に値上げ交渉も行い、また年間のトラックの増車数も計画し、すでに業者への発注も済ませました。トラック台数の増加に伴うドライバーの募集についても、新たにホームページを増設し、また人材会社に登録するなどして、ある程度の採用には成功しました。

　営業活動にも積極的で新規の取引先も徐々に増え、遊んでいるト

第4章　経営者自身と経営の現状把握

ラックもほとんどない状態です。

　ところが、大して利益が出ません。その原因を分析すると、燃料代が高騰しており、それが粗利の低下の原因となっていました。

　また古い車両も多く、劣化による修理費と、小さな事故が不定期に起こり、これによって損害保険料も事故数に応じて設定されるため、その額は結構なものとなります。

　これらにかかる費用が利益を減少させているのでした。

　期末の税引前当期利益目標を 2,000 万円としていましたが、1,000 万円にも届かないという結果となりました。

　ところが、節税税理士がまた節税を勧めます。

　「利益が 1,000 万円近く出ています。このままでは、税金が 300 万円ぐらいかかりますよ。関連会社に利益を移転すれば、関連会社には累積損失があるので、本社も関連会社も全く税金を支払わなくて済みますよ」

　と二代目社長に節税を勧めます。

　二代目社長は、「そうですか。じゃあ、それでお願いします」と言ってしまいます。

　しかし、この節税によって財務が悪くなり、銀行からの追加借入は希望の半分になってしまいました。資金繰りが非常に苦しくなりましたが、後の祭りです。

(2) 二代目社長が考えた問題点と課題

　二代目社長は、翌期は心新たに、新しい経営計画を立てました。経費の削減が中心です。

　まずは、燃料費の削減計画です。燃料費を 5 ％削減するだけで、相当な利益の増加が見込めると試算できました。

—— 84 ——

また、事故の発生がなければ、修理代もかからず、保険料の負担も減ります。それらを合わせると翌期の税引前当期利益は楽に2,000万円を超えることができると試算しました。

　燃料費を削減するためには、タコメーターをすべてのトラックに設置し、運転時の点数をチェックして、無駄なアクセルのふかし運転や急ブレーキ、急ハンドル操作をなくし、安全運転を行えば、5％程度の燃料費の削減はできると考えました。

　また、運転開始前の点呼を徹底し、その際に安全運転を徹底するようドライバーに指導し、特に事故の多いドライバーに対しては、タコメーターの点数に目標数値を設定させました。

　一時的には、タコメーターの数値は改善し、燃料費の幾分かは削減することができました。

　しかし、数ヵ月の間は事故も起こりませんでしたが、一度事故が起こって以降は、やはり軽微な事故が不定期に起こるようになりました。

　次々に入荷する新しいトラックに乗車するドライバーを採用することには成功しましたが、どういうわけかドライバーが定着しません。トラックの台数の増加に対して、ドライバーの数が足りなくなりました。

　遊んでいるトラックを放置しておくのももったいないので、古いトラックから処分していき、結局廃棄処分にするトラックの台数も増えたので、トラックの総台数自体もそれほど増加させることはできませんでした。

　なかなか思惑通りにいきません。

　燃料費の削減が実現できれば、会社の財務はよくなりますが、社員に安全運転が浸透せず、事故はあまり減少しません。ドライバーを採用しても同じ数だけ辞めていきます。

第4章　経営者自身と経営の現状把握

　二代目社長は、自社の問題点を、
①燃料費削減ができないこと
②事故が減らないこと
③ドライバーが定着しないこと
であると考えました。
そして、それに対する課題は、
①タコメーターを徹底的にチェックする
②安全のしおりなどを配布し安全運転を徹底する
③ドライバーの不満を解消する
というものでした。
　二代目社長の考えた問題点を解決するため課題に取り組みましたが、なかなか思うようには目標数値をクリアできません。そこで、
①数値目標をクリアしたドライバーを表彰する制度を導入する
②安全のしおりをドライバーに唱和させる
③アンケートをとって業務に対する不満について意思疎通を図る
などのような課題の改善が行われました。
　しかし、効果はあまり出ませんでした。

(3)A 社の経営理念と目的

　二代目社長の考えた経営理念は、「安全と安心」です。経営目的は、「物流を通じて社員とお客様の生活を守る」です。
　物流は、日本の経済発展と人々の日常生活に欠かすことができないものです。スーパーやドラックストアには品物があって当たり前だと思いがちですが、それは物流に携わる方々の不断の努力の結果です。物流は人々の暮らしを陰で支える大切な仕事であり、理念や目的には、誇りを持って物流業に携わる二代目社長の熱い思いがこもってい

ます。

運送業界は、あまり人気のある業種ではないかもしれません。危険が伴う仕事であり、長時間労働が当たり前で、深夜便など夜間の業務もあります。ドライバーには独り身の高齢者の方も多く見られます。少し柄が悪い人もいます。

また、生活が乱れてギャンブルなどで負債を抱えていたり、その日暮らしで頻繁に前借りをするような人も少なくありません。

二代目社長は、運送業界には、そういったイメージがあるものの、社員の方々に誇りと自信を持って業務にあたってもらい、加えて、社員の方々と安全と安心を共有したい、という思いで経営理念と目的を作りました。

ただし、二代目社長は、そのような目的と理念を掲げながらも、心のどこかで、

①ドライバーが会社の理念を理解できなくても仕方がない

②いくら指導しても指導を受ける側にも限界がある

③大きな事故がなければある程度のミスは仕方がない

④ドライバーについては、管理者の数にも限界があるので、小さな会社にとっては、点呼を徹底することにも限界がある

などと考えていました。

(4) 次々と発生するトラブル

優秀なドライバーを採用できました。仕事もすぐに覚えるし、タコメーターの点数もすぐに会社で1位になりました。臨機応変に対応できるし、後輩への指導もできます。二代目社長は、ゆくゆくは運行管理者にしたい、幹部になってほしいと思いました。

けれども、入社後1年で辞めてしまいました。辞めた理由はわかり

第4章　経営者自身と経営の現状把握

ません。二代目社長は非常に残念でなりません。極力コミュニケーションもとるようにしていたので、辞めるとは考えもしませんでした。

いつ辞めたいと思い始めたのか、何が不満であったのか、どう考えてもわかりません。いつまでもモヤモヤしています。

また、「10年間勤務していたドライバーが辞めると言っています」と運行管理者から連絡がありました。事故を何度も起こす人でした。指導のために社長が横乗りすることもありましたが、時間が経つとまた何かやらかします。

それでも、二代目社長は、目をかけて一生懸命指導したつもりです。にもかかわらず、辞める理由は、「他にやりたい仕事が見つかったから」とのことでした。二代目社長は、「恩をあだで返しやがって」と今度は怒り心頭です。

さらに、入社3日で来なくなる人や、大型免許の教習代を立て替えてもらいながら免許だけを取得してすぐに辞める人、前借りを返すことなく辞める人、居宅の世話をして保証人になってあげたにもかかわらず突然いなくなる人、こんなことが1ヵ月の間で次々と起こると、二代目社長はだんだんと誰のことも信用できなくなります。

「どうせ期待しても、すぐに辞める。指導しても辞める。こういう業界だから仕方がない。こういう人たちばかりだから、一生懸命やっても無駄だ……」

心のどこかでそう思いながらドライバーに接してしまいます。

また一人辞めました。ホームページで会社の理念と目的を見て共感したと言って入社を希望したそうです。にもかかわらず、1ヵ月後に辞めました。理由は、「**期待したほど、会社に魅力がない**」の一言でした。二代目社長は、その一言が心に引っかかります。

(5) 問題点の発見

　数値目標を達成するために、燃料代を５％カットしたいがために、タコメーターを管理したり、保険料を下げたいがために安全運転を指導する経営者など、魅力的でないと言われているように二代目社長は感じました。

　以前に辞めた人も、少なくとも社長である自分に魅力がないから辞めたのかもしれないとさえ思いました。

　自分の全人格を否定されているように感じてひどく落ち込みました。二代目社長は、自己啓発セミナーに参加したり、経営者の会に入会したり、コンサルタントに相談したりして、自分探しを始めますが、どうしていいのかわかりません。

　そして、数ヵ月後に、壁にかかった経営理念の「安全と安心」という文字を見て、自分に足りないものを発見します。

　自分で考えた経営理念を自分自身で心底信じていない自分がおり、そんな自分は自分から見ても、全然魅力がないと気がついたのです。

　辞めたドライバーの言葉は、正しいと感じました。また、同時に、辞めたドライバーに対して感謝の気持ちさえ湧いてきました。

　そうです。Ａ社の問題点とは、経営理念である「安全と安心」を追求しようとしない二代目社長の心にあったのです。

(6) 課題を克服する社長

　二代目社長は、突然、会社の近くに引っ越しました。出社時間は、以前は朝の９時頃でしたが、毎日朝の５時前には出社するようになりました。

　５時に深夜便のトラックが戻ってくるし、早朝便も出発するからで

—— 89 ——

す。ドライバーが出社していれば、休日や祝日、お正月も出社するようになりました。

　二代目社長は、平日ゴルフも夜の飲み屋へも全く出向かなくなりました。

　夜は6時に自宅へ戻り、子供をお風呂に入れて、9時半には子供と一緒に寝て、朝の4時には起床します。

　毎朝5時には、会社の駐車場ゲートに立ち、安全灯を振ってドライバーを迎え、送り出しもします。冬は真っ暗です。夏は空が白んでいます。雨の日はカッパを着て、安全灯を振っています。

　「ご苦労様！　お疲れ様！」

　「いってらっしゃい。ご安全に！」

　いつも声を出して元気いっぱいです。ドライバーも「行ってきます！」と言って出発します。

　これを半年続けると、タコメーターの数字がよくなりました。自主的に数字をチェックして、点数が悪い人を指導するドライバーも現れ始めました。

　事故は少なくなりましたが、それでも軽微な事故は起こります。事故を起こしてしまったドライバーは、二代目社長に申し訳ないと言って泣きました。そして、二度と事故を起こさないと自分に誓いました。

　また、ベテランドライバーの提案で、無事故記録1年がドライバー全員の目標となりました。

　多くのドライバーは、二代目社長を尊敬するようになりました。二代目社長は、ドライバーやその家族の安全と安心のために、毎朝5時から安全灯を振って、出迎えをし、また送り出してくれるからです。

　安全と安心が服を着て歩いている。安全と安心が毎朝5時から安全と安心を祈りつつ安全灯を振り回している──。

　安全と安心という理念は、以前は壁に掛かっているだけでしたが、

ある日から経営者そのものとなり、経営者が追求し続けるものとなりました。

すでに二代目社長はとても魅力的な人になっていました。

期末近くになり、会社の純利益は、やはり目標には届かず、1,000万円程度と予想されました。

二代目社長は、社員みんなで稼いだ1,000万円だから大切にしたいと思いました。

そこに節税税理士が現れます。二代目社長に対して、一生懸命に節税保険を勧めます。

しかし、二代目社長は、節税の提案には乗りませんでした。社員みんなで稼いだ1,000万円を社内留保して、より安定した会社にすることが、社員全員のためになると思ったからです。

いかがでしたでしょうか？

数字を追うことの大切さとともに、経営理念と目的の大切さも痛感したのではないでしょうか？

(7) 我が誠の足らざるを尋ぬべし

私の好きな言葉ですが、西郷隆盛先生は、「己を尽くし、人を咎めず、我が誠の足らざるを尋ぬべし」との遺訓を残されています（『南洲翁遺訓』角川ソフィア文庫）。

また、有名な企業経営者であった「メザシの土光さん」こと土光敏夫氏は、「問題とは何か。それは決して、日々解決を迫られている目前の問題をさすのではない。真にわれわれが取り組むべき問題とは、現状にとらわれずに、"かくあるべき姿"のなかに見いだす不足部分をさすのである。問題認識をもつことは、このギャップを意識するこ

—— 91 ——

第4章　経営者自身と経営の現状把握

とをいう。したがって、問題は“かくあるべき姿”を求めて、日々真
剣に自己の任務を掘り下げ追求し続ける意欲ある人の目にのみ、その
真姿を現すのである。問題とは発見され創造されるものなのだ」(『土
光敏夫 信念の言葉』PHP研究所)と綴っています。

　西郷先生の「誠」とは、会社の経営に置き直せば、土光氏の「かく
あるべき姿」であり、それは企業経営者の経営理念や目的のことなの
ではないかと思っています。

　さて、皆さんの経営理念と目的は何でしょうか。経営上の問題点と
課題は何でしょうか？

第 **5** 章

会社はなぜ倒産するか

第5章 会社はなぜ倒産するか

1. 倒産・廃業の唯一の原因は キャッシュがなくなること

　私は35年以上の会計業界の経験の中で、赤字で倒産した企業を今までに一度も見たことがありません。何年赤字が続こうとも、赤字では倒産しません。

　「え〜っ」と意外に思われるかもしれませんが真実なのです。

　さらに、主要取引先が倒産して連鎖倒産した企業も見たことがありません。売上が激減して倒産した企業も見たことがありません。

　それでは、企業はどのような原因で倒産するのでしょうか？

　企業が倒産・廃業に追い込まれる理由は、唯一「キャッシュがなくなる」からです。

　キャッシュ、つまりお金がなくなると、企業は倒産あるいは廃業せざるを得なくなります。企業でキャッシュがなくなるということは、人間で言えば、「心臓が止まる」「体を流れる血液がなくなる」に等しいのです。

　裏を返せば、キャッシュさえあれば企業はいつまでも生き続けられます。

　日本には1,000年企業が十数社、100年企業が3万社以上も存在すると言われています。これらの企業が1,000年以上あるいは100年以上存続しているということは、キャッシュを常に潤沢に持っていてキャッシュがなくならなかったからです。

　そうであれば、経営をするうえで、まず考えなければならないことは**「キャッシュがなくならないようにすること」**です。いや、キャッシュがなくならないのではなく、もっと積極的にキャッシュを増やす

―― 94 ――

ことを最大の経営課題にしなければなりません。

　では、ここで一つ問題です。

　なぜ、売上を増やさなければならないのでしょうか？

　解答は、利益を出すためと言われるかもしれませんが、違います。解答は「キャッシュを増やすため」です。利益を出すのもやはりお金、すなわちキャッシュを増やすためなのです。

　なぜ、赤字で損失がだめなのか？

　赤字になるとキャッシュが減少していくからなのです。

　なぜ、黒字で利益を出さなければならないのか？

　それはキャッシュを増やすためなのです。くどいようですが、会社はキャッシュがなくなると倒産するのです。

　実際にキャッシュが減って倒産していく主な要因は次の４つです。

　①節税

　②損得苦楽経営

　③銀行借入

　④支払手形

　これについて解説をしていきましょう。

第5章　会社はなぜ倒産するか

２． 節税を売りにする三流税理士と 税金を払いたくない三流経営者が 会社を潰す

　節税が大流行ですが、節税は何のためにするのでしょうか？

　当然、私も含めて多くの経営者は税金は少ないほうがいいと思っています。

　しかし、節税を提案したり、節税を実際に行う人は利益と税金しか見ることができない人です。キャッシュのことが全く理解できていないのです。

　もっと言うと、どうするとキャッシュが増えて、どうするとキャッシュが減るかが根本的にわかっていません。

　さて、税金はどのように計算するかと言うと、基本的に利益を基に計算します。税金を少なくするためには、利益を少なくするしかありません。当然のことですが、利益は下記の算式で計算されます。

$$利益　=　収益　-　費用$$

　利益を少なくするためには、収益を少なくするか、費用を大きくするかしかありません。収益の代表格は売上ですが、売上を少なくしようとする経営者はまずいません。

　そこで、**節税のほとんどの手段が、費用を大きくして利益を少なくすること**が主流になります。

　①即時償却の資産を購入する

　②社員に決算賞与を支払う

—— 96 ——

③車両を購入する

④生命保険に加入する

　などなど、どれをとっても、費用を大きくして利益を減らして税金を少なくする方法ばかりです。

　これは何か変ですよね。

　これを節税対策として提案する三流税理士が、この世の中にいかに多いことか。そして、これを感謝して実行する三流経営者もいかに多いことか。

　この三流タッグの輩は損益計算書しか見ることができず、費用を多くするとキャッシュが減少することがわからないのです。税金が少なくなったとしても、費用に支出したキャッシュのほうが必ず多額なので、**節税をするとキャッシュは必ず減少します。**

　そして、三流タッグはキャッシュの重要性が全くわかっていないので、節税ばかりしていると不慮の災害やトラブルでキャッシュが必要となっても対応できません。

　その結果、キャッシュ不足で企業を潰すことになります。

　企業のキャッシュを減らしてしまうような節税対策をすることは基本的にやめましょう。

　なぜ、「基本的には」とするのかと言うと、一定の条件を満たせば節税をしてもいい会社があります。後述しますね。

第5章　会社はなぜ倒産するか

３．損得苦楽経営と理念経営の意味の違いがわかりますか？

　企業経営において、経営者はさまざまな局面で意思決定をして、行動をしなければなりません。

　ある統計では、人は１日に７万回も意思決定をしていると言われています。そして、経営者は自分自身の意思決定のミスで企業を潰す可能性もあるほど、重要な意思決定をいつも行っているのです。

　ところで、この企業経営における意思決定は何に基づいて行うのでしょうか？

　多くの企業には呼び方はいろいろあると思いますが、「ミッション」とか「ビジョン」、「経営理念」や「経営目的」などがあります。

　「経営理念」とは、「企業経営における基本的な価値観・精神・信念あるいは行動基準を表明したもの」としています。言い換えれば、その企業の存在価値なのです。

　そして、「経営目的」とは、企業の進むべき方向、すなわち目指すべき方向を言います。

　企業経営とは、特定の価値観を基盤として目指すべき方向に向かって活動するものです。

　だから、企業経営には経営理念と経営目的が必要なのです。

　これらの経営理念や経営目的は、経営の意思決定の基準になるのです。私も経営において意思決定に迷うと経営理念や経営目的に立ち返って意思決定するようにしています。

　このような経営理念や経営目的に基づいて意思決定する経営を、私

—— 98 ——

は「理念経営」と呼んでいます。

　一方、経営理念や経営目的自体がなかったり、あったとしても単なるお飾りになっているような企業経営者は、何で意思決定しているのでしょうか？

　それは「損か得か？」、あるいは「楽か苦しいか？」で意思決定しているはずです。

　このような意思決定をしている経営を、私は「**損得苦楽経営**」と呼んでいます。

　損得苦楽経営をしていると一貫した意思決定ができないので、ハンドルのない車のように右へ左へと蛇行しながら経営をすることになります。

　この蛇行運転の結果、キャッシュがなくなり、いずれは潰れてなくなることになるでしょう。

　損得苦楽経営の経営者の特徴は、時間にルーズ、約束を守らない、頻繁にアポイントの変更をする、すぐに言い訳をする、素直でない、節税する、などです。

　損得苦楽で意思決定するので、たまには儲かることがあるかもしれませんが、意思決定や行動が常にふらついていて、**いずれキャッシュが底をついて潰れてしまうでしょう。**

第5章　会社はなぜ倒産するか

4. 銀行との付き合い方次第で倒産する

　多くの銀行は過去と今しか見ることができず、企業の将来を見ることはできません。

　・過去からのストックで財務内容がよければお金を貸す

　・現在の業績がよければお金を貸す

　・現在所有している不動産を見て担保を取り、お金を貸す

　・現在の人を見て保証人にする

　ほとんどの銀行員は将来を見る目を持っていないのです。

　企業はそんな将来を見る目のない銀行からお金を借りなければなりません。

　しかし、問題なのは多くの企業経営者は銀行から言われる通りの条件でお金を借りてしまうことです。

　銀行は現在の業績がいいとその業績のよさが将来にも続くと思って貸そうとします。こんなときは注意しなければなりません。バブルの頃の財テク、不動産投資、ゴルフ会員権、リゾート会員権の購入などのための融資がいい例でしょう。

　バブルがはじけて業績が低迷し、キャッシュが減少してくると、銀行の態度が一変します。貸した責任など全くお構いなしに、貸し渋りや貸し剥がしなどが日常茶飯事となりました。

　そして、業績が低迷し、キャッシュも減少し、調子に乗って借りすぎた過大な借入の返済に窮して、倒産や廃業に追い込まれる企業も多くありました。

　これも、銀行の言いなりになり調子に乗って借入をしてしまったこ

—— 100——

とが倒産・廃業の原因なのです。

　将来のリスクも十分検討したうえで身の丈に合った借入をすべきだったのです。

　このことは社長ならば、忘れてはならない教訓です。

　一方、企業が成長していくうえで銀行借入は不可欠です。自己資金だけで経営をしていては、企業の成長に限界があります。銀行の借入は「梃子の原理」のようなものです。健全に利用すれば急成長することもできます。

　しかし、銀行を利用するのではなくて、銀行に利用されると、倒産の憂き目を見ることになります。

　銀行との付き合いは、受け身ではなく主体的に付き合わなければなりません。銀行との付き合いで銀行に主導権を握られると、企業が潰れてしまうことになります。銀行との付き合い方には注意が必要なのです。

　銀行は毒にも薬にもなる、劇薬であることを肝に銘じましょう。

第5章　会社はなぜ倒産するか

5．支払手形は最悪の倒産原因

　支払手形は、商品やサービスなどを仕入れた対価として、仕入先に代金支払いのために振り出した手形のことを指します。支払手形は簡単に振り出すことができるために、支払いをしなかった場合のペナルティも大きくなります。

　支払手形は支払期日までに全額支払いをしなければ手形は不渡りとなります。6ヵ月以内に2度不渡りを出すと銀行取引停止となります。銀行取引停止となれば、実質的には商売はできませんので、倒産するしかありません。このペナルティはあまりにも大き過ぎます。

　でも、仕方がないのです。銀行の了解をいちいち取り付けなくても莫大な金額が資金調達できるため、支払手形はペナルティが大きくても当たり前です。損得苦楽経営の申し子のような資金調達手段なのです。

　損得苦楽経営ではなく、理念経営を目指す中小企業経営者に私は必ず「支払手形の発行はやめましょう」と言い続けてきました。さらに支払手形の発行をやめるためのアドバイスも多くしてきました。

　過去に私は100社以上の中小企業に支払手形の発行をやめさせてきました。これは私の使命です。

　私は今までお客様である中小企業経営者を自殺で2人亡くしています。当然、キャッシュが減少して、資金繰りに窮して自殺されたわけですが、2人とも支払手形を発行している会社でした。さらに高級外車に乗っていましたね。

―― 102――

支払手形を発行していると、支払期日には待ったなしで全額支払資金を用意しなければなりません。その中小企業経営者はこの倒産の恐怖に負けて自殺されたと思っています。支払手形は、待ったが全く利かない最も危険な債務なのです。

　支払手形は資金調達自体が簡単すぎる分、ペナルティが大きすぎるので即刻止めるべきです。

　支払手形のやめ方については過去に 100 社以上の支払手形をやめさせた私に気軽に聞いてくださいね。

　私は支払手形を発行している経営者を見るとぬるま湯に浸かった三流経営者に見えます。

　さらに、そういう経営者に私が「支払手形の発行をやめましょう」と提案すると、端から「そんなの無理です」と何も考えずに答えるばかりです。特に二代目・三代目にこのタイプの経営者が多いですね。

　昨今の中小企業に厳しい経営環境において支払手形を切っている会社は早晩潰れていくことでしょう。

第**6**章

貸借対照表と損益計算書の
関係性の基本

1. 貸借対照表と損益計算書はつながっている

　下記は、会社の第1期から第4期までの貸借対照表（B/S）と損益計算書（P/L）の関係になります。

（B/S0期は会社設立時のB/Sです）

第1期　B/S1期＝B/S0期＋P/L1期
第2期　B/S2期＝B/S1期＋P/L2期
第3期　B/S3期＝B/S2期＋P/L3期
第4期　B/S4期＝B/S3期＋P/L4期

第1期から第4期まで通算してみると下記の算式になります。

第4期　B/S4期＝B/S0期＋P/L1期＋P/L2期
　　　　　　　　＋P/L3期＋P/L4期

　損益計算書（P/L）はある一定期間の経営成績を表します。
　経営成績とは基本的には利益のことを言います。損益計算書は下記の算式で利益を表しています。

$$収益 － 費用 ＝ 利益$$

　たとえば、上記第2期は第2期1年間の経営成績を表しています。つまり、損益計算書は毎期ゼロからのスタートで、その1年間だけの

情報が掲載されているのです。もし、前期が大赤字でも当期が大きな黒字であれば、当期の損益計算書だけ見るといい会社に見えます。

しかし、貸借対照表には、開業のときの貸借対照表を基に過去のすべての損益計算書が累積されていきます。つまり、貸借対照表は会社設立以来のすべての情報が反映されているのです。

貸借対照表は会社設立以来、現在の時点での財政状態を表しています。財政状態は下記の算式で表します。

$$資産 \quad = \quad 負債 \quad + \quad 純資産$$

損益計算書を改善するにはたった1年あれば可能ですが、貸借対照表を改善するにはそれなりに長い時間がかかるものです。

さらに、損益計算書には企業の命であるキャッシュの情報は全くありません。企業の命を握るキャッシュの情報は貸借対照表にあるのです。言い換えれば、損益計算書は最終的には当期利益を計算するためにありますが、この当期利益は貸借対照表の最も健全な資金調達の手法である利益そのものなのです。

貸借対照表の右側の一番下の利益は会社設立以来すべての期の利益の合計が入っているのです。会社設立10年目の貸借対照表であれば過去10年間の利益の合計が表示されています。

さらに、前述しましたように、損益計算書を改善するのは簡単ですが、貸借対照表は歴史があればあるほど改善に時間がかかります。だから、貸借対照表を悪くしないことが企業をよくする秘訣です。

つまり、100年企業になるためには貸借対照表を悪くしないことです。**貸借対照表がよければ、多少の赤字が出て損益計算書が悪くなっても決して潰れない会社になれるのです。**

—— 107——

第6章　貸借対照表と損益計算書の関係性の基本

２．損益計算書だけ見る経営者、 貸借対照表を理解しない税理士

　なぜ、経営者は損益計算書ばかり見て、貸借対照表を見ないのでしょうか？

　それは損益計算書は勉強をしなくても簡単に理解ができるからです。売上から売上原価や経費を差し引いて利益を計算します。その構造は小学生の小遣帳の構造と何ら変わるところがありません。理解しやすい構造になっています。

　さらに、三流経営者が最も支払いたくない税金計算の基となるのが、この損益計算書に記載されている税引前当期利益があるからです。税引前当期利益の金額の多寡が税金の大小を決めます。三流経営者は**利益と税金の支払額には興味を持つ**のです。

　一方、なぜ税理士は貸借対照表を理解しないのでしょうか？

　それはまず、貸借対照表の勉強をしていないからです。実は、税理士の半分近くは税理士試験にある財務諸表論に合格していないどころか、貸借対照表の勉強すらしたことがないのです。

　あなたの顧問税理士に、あなたは税理士試験の財務諸表論に合格しましたかと聞いてみてください。

——108——

3. キャッシュがどれだけあるか、貸借対照表でしかわからない

　経営者の多くは、まさか自分の会社が潰れてしまうとは思っていません。それは、どのようになると潰れるかがわかっていない面もあります。繰り返しますが、企業は赤字で決して潰れることはないのです。中小企業の場合、キャッシュがなくなり資金繰りに詰まって潰れてしまうのです。

　赤字かどうかは損益計算書を見ればわかりますが、キャッシュがどれだけあるかは損益計算書ではわかりません。キャッシュの状況は貸借対照表を見なければわからないのです。

　つまり、企業の生命線であるキャッシュの状況を知るために、貸借対照表も読めるようにしておくべきなのです。

　貸借対照表と損益計算書の重要性の度合いを、私は下記のように考えています。

　　創業第 10 期の会社であれば、

　　　　貸借対照表　＝　損益計算書　×　10

　　創業第 50 期であれば、

　　　　貸借対照表　＝　損益計算書　×　50

　上記内容は少し極論かもしれませんが、ここでは貸借対照表の重要性を真剣に理解してほしいのです。

　それでは、とっても大事な貸借対照表を見ていきましょう。

第 **7** 章

あまりよく見ていなかった
貸借対照表の簡単な読み方

第7章　あまりよく見ていなかった貸借対照表の簡単な読み方

1. 資産と負債の状況が一目でわかる貸借対照表

　貸借対照表とは企業の一定時点の財政状態を表しています。貸借対照表の左側（借方）はキャッシュの運用を表しています。右側（貸方）はキャッシュの調達を表しています。

貸借対照表（B/S）

流動資産	流動負債	負債（他人資本）
	固定負債	
固定資産	資本金 未処分利益	純資産（自己資本）

キャッシュの運用形態　　キャッシュの調達源泉

　貸借対照表は左側の資金の運用形態である資産と右側の資金の調達源泉である負債と純資産の合計が必ず一致するので、B/S（バランスシート）と呼ばれています。

貸借対照表等式　：　資産　＝　負債　＋　純資産

　話は変わりますが「債務超過」という言葉の意味はわかりますか？

　債務超過とは、純資産がマイナスとなっていることを言います。

　つまり、上記算式から考えると債務超過は純資産がマイナスなので

資産　＜　負債

となっていることになります。つまり、負債すなわち債務が資産より多い、すなわち超過しているから「債務超過」と言うのです。

——112——

2. キャッシュの調達は何によって なされているのか？

（1）キャッシュの調達源泉の中身

　貸借対照表の右側はキャッシュの調達源泉を表しています。企業のキャッシュをどのように調達したかを表しているのです。

　企業のキャッシュの調達方法は3つあります。

　①負債による調達

　②出資による調達

　③利益による調達

　この3つです。

　前述の貸借対照表等式の純資産という概念はとても難しい概念ですが、ここでは純資産は出資による資金調達と利益による資金調達の合計であることを覚えておきましょう。

　まず、1つ目のキャッシュの調達は負債による調達です。

　代表的なものが借入金です。銀行からの借入（証書借入・手形借入・当座貸越・手形割引など）、役員からの借入などです。銀行や役員から借入をしてキャッシュが増えて資金調達します。

　続いて、支払手形や買掛金です。経済取引の原則は物品やサービスの提供と引き換えに現金を支払うことです。

　ところが、ビジネスにおいてはいちいち、取引の都度、現金のやり取りをするのは非効率なので一定期間の取引の後に決済するという信

―――113―――

用制度が商慣習上あります。たとえば、商品を仕入れているにもかかわらず支払いは1ヵ月後にするというような場合です。この場合は本来商品を仕入れて現金が減少するはずのものが一定期間減らないのでキャッシュの増加とみなすことができるのです。

この他にも未払金・未払費用・預り金・前受金などの負債があります。これらすべてが負債による資金調達なのです。

さて、負債によるキャッシュの調達の一番の特徴は、調達したキャッシュをいずれは返済しなければならないことです。負債が増えれば増えるほどキャッシュは増えることになります。

でも、負債は借金でいずれは返済しなければならないので、どこかで必ず限界があるのです。世の中には永遠に貸してくれる人はいません。負債の増加による資金調達にはいつか返済しなければならないので、自ずと限界があります。

2つ目のキャッシュの調達は**出資による調達**です。

出資は株主からのキャッシュの調達です。企業側では基本的には資本金という勘定科目になっています。出資による調達の特徴は負債と違って企業の解散や減資などがない限り、将来返済する必要がないことです。将来返済する義務がないので、出資によるキャッシュの調達をどんどん増やしたいところです。

ただ、積極的に出資しようとする人は本当に限られています。恐らく経営者の親族か友人・知人ぐらいまでです。出資によるキャッシュの調達も自ずと限界があります。

さて、3つ目のキャッシュの調達は**利益による調達**です。

利益は貸借対照表の右下の利益剰余金、繰越利益、当期未処分利益などの勘定科目になっています。利益は収益から費用を差し引いて計

算します。毎期毎期、損益計算書を使って利益を計算します。そして、貸借対照表の利益による資金調達になる利益とは、損益計算書の一番下にある当期利益のことを言います。

当期利益によるキャッシュ調達を大きくしようと思えば、収益を増やして費用を減らすことです。収益を最大に、費用を最小にです。負債や出資による資金調達には限界がありますが、利益による資金調達には限界がありません。

当期利益は自分で稼いで税金を支払った残りなので返済不要であり、どんなに大きくなっても不都合がないのです。世の中の企業すべてが企業活動で赤字ではなく黒字を目指すのは、黒字つまり利益による資金調達が最も健全だからです。

黒字を目指すのは、利益が最も健全な資金調達であり、利益による資金調達の金額を極大化するためであることを常に肝に銘じておきましょう。

これを忘れると、節税の名の下に無駄な経費を使ってしまうという経営者にあるまじき行為に及んでしまうのです。

(2) 資金調達の並び順には大きな意味がある

貸借対照表の右側の資金調達の並び順も重要です。基本的には一番上が負債で、次が出資、最後が利益という順番に並んでいます。

負債の一番上には支払手形を発行しているのであれば、必ず支払手形があります。次に、買掛金、未払金、預り金、前受金、短期借入金などの流動負債、さらに、長期借入金や社債などの固定負債があります。そして、資本金、利益剰余金などの利益の順番に並んでいます。

この並び順には大きな意味があります。**一番上に最も危険な資金調達方法である支払手形があります。**そして、買掛金、短期借入金、長

期借入金、資本金、利益剰余金と、下に
降りていくにしたがって、危険度が低く
なっていきます。

　支払手形は前述した通り最も安易で危
険な資金調達方法です。そして、一番下
の利益剰余金などの利益による資金調達
は、全くリスクのない健全な資金調達方
法です。上から下に行くにしたがって資
金調達のリスクが低くなっていくので
す。

借方科目	貸方科目
現金	支払手形
預金	買掛金
受取手形	未払金
売掛金	未払法人税等
当座資産合計	短期借入金
棚卸資産	1年内返済長期借入金
前払費用	流動負債合計
流動資産合計	長期借入金
建物	その他固定負債
器具備品	固定負債合計
減価償却累計額	負債合計
有形固定資産合計	資本金
電話加入権	利益剰余金
無形固定資産合計	
投資有価証券	
投資等合計	
固定資産合計	資本合計
資産合計	負債・資本合計

　貸借対照表の右側は、下のほうの利益による資金調達が大きければ
大きいほど健全なのです。反対に、上のほうの資金調達が大きくなれ
ばなるほどリスクが大きくなります。

　さて、ここで企業活動において重要なのは、収益である売上を最大
にし、費用を節減して最小にすることです。

　しかし、この先が重要です。なぜ、利益を大きくしなければならな
いのかを理解している人が意外に少ないのです。**利益を最大にする理
由は、利益が最も資金調達方法として、安全で健全だからなのです。**

　三流経営者どころか三流会計事務所の先生も、このことを知らない
ために、費用を増やして節税をして利益を減らしてしまうのです。

　資金調達において大事なのは、右下の利益による資金調達を最も大
きくすることなのです。

3. 調達したキャッシュは 資産のうちの何に変わったのか？

（1）キャッシュの運用形態の中身

　貸借対照表の左側はキャッシュの運用形態を表しています。前述の調達したキャッシュをどのように運用しているかを表しています。

　貸借対照表の左側の運用形態には、現金、預金、受取手形、売掛金、棚卸資産、建物、機械装置、車両運搬具、ソフトウェア、ゴルフ会員権、保険積立金、差入保証金などがあります。

借方科目	貸方科目
現金	支払手形
預金	買掛金
受取手形	未払金
売掛金	未払法人税等
当座資産合計	短期借入金
棚卸資産	１年内返済長期借入金
前払費用	流動負債合計
流動資産合計	長期借入金
建物	その他固定負債
器具備品	固定負債合計
減価償却累計額	負債合計
有形固定資産合計	資本金
電話加入権	利益剰余金
無形固定資産合計	
投資有価証券	
投資等合計	
固定資産合計	資本合計
資産合計	負債・資本合計

　経営者自らが運用をしているという意識があろうがなかろうが、資金調達した資金を運用しているのです。現金、預金で運用、売掛金で運用、棚卸資産で運用、建物で運用、機械装置で運用をしているのです。

（2）資金運用の並び順にも大きな意味がある

　繰り返しになりますが、企業はキャッシュがなくなると企業経営を継続できなくなり、潰れてしまいます。キャッシュである資金は企業の血液であり、企業の命です。企業にとって最も重要な資産はキャッシュ、すなわち現金なのです。

　貸借対照表の左側の一番上には何があるのでしょうか？

第7章　あまりよく見ていなかった貸借対照表の簡単な読み方

　そうです、現金があります。左の一番上に現金があるのは、現金が企業経営で最も重要な資産だからなのです。

　次に、現金の下には預金、受取手形、売掛金、棚卸資産、建物・機械装置などの固定資産、そして、ゴルフ会員権、差入保証金、長期前払費用などの投資などへと、順次下へ行けば行くほど、最も大切な資産である現金から遠くなっていきます。

　つまり、**左上から下へ行けば行くほど現金になるのに時間がかかる、あるいは現金になりにくい資産**となります。

　資金調達にしても資金運用にしても、必ず経営者自らの判断で行っています。どのような方法で資金調達をして、どのような方法で調達したキャッシュを運用するかを経営者自ら判断しています。逆に、経営者以外の人が判断することはできません。

　借金が大好きな経営者であれば、負債による資金調達が大きくなります。借金で調達したキャッシュを高級乗用車、ゴルフ会員権やリゾート会員権など、企業の命であるキャッシュになりにくい資産で運用します。

　そして、キャッシュになりにくい資産で運用していますので、自社の業績が悪くなってキャッシュが底をついてくると、倒産への道をまっしぐらに進んでいきます。

—— 118——

4. 貸借対照表の内容は経営者の 考え方次第で大きく変わる

　さて、私の経験では損益計算書は業種によって大きな差はありません。

　たとえば、Ａ商社の粗利率20％で、同業者のＢ商社の粗利率が50％というようなことはありません。やはり25％であったり15％であったり、同業者であれば、かなり近い数字になります。

　ところが、貸借対照表は同業者であったとしても、経営者の意思決定次第で大きく異なったものになります。

　借金が大好きな社長は、やはり借金による資金調達が大きくなります。

　一方、借金が嫌いな社長が無借金経営を目指すと、負債による資金調達が少なくなり、利益による資金調達が多くなるでしょう。

　また、三流経営者と三流会計事務所がタッグを組んで、**節税を継続的にやっていくと、利益による資金調達が少なくなって、負債による資金調達が多くなります。**

　後述する当座比率や自己資本比率は必ず低くなってしまいます。

　貸借対照表は社長の考え方次第で大きく変わるものです。

第7章　あまりよく見ていなかった貸借対照表の簡単な読み方

５．節税の正体：
　　節税を提案する三流会計事務所と
　　節税をする三流経営者

　三流経営者と言えども、何となく企業経営上、赤字はよくないことはわかっています。日々それなりに努力をして黒字になるようにします。

　そして、決算を迎えて税金を計算してみると、思ったより税金が大きく、少しでも少なくしたいと思うのです。

　本当はここで、多くの税金を支払わなければならないほど、意外に利益が大きいことを喜ぶべきでした。しかし、無駄な経費を使って税金同様、利益も少なくしてしまうのです。

　もともと企業の税金は損益計算書の税引前当期利益を基にして計算されています。損益計算書だけ見ていれば、税引前当期利益を少なくして税金も安くしたいと思うのは理解できます。利益を少なくすることが、単に税金を安くすることだけに留まればそれもいいでしょう。

　しかし、現実には税引前当期利益から税金を差し引いた当期利益は損益計算書上で単に利益の計算結果だけではないのです。

　当期利益は利益の計算結果であると同時に、この当期利益の金額が貸借対照表の利益による資金調達の金額になるのです。

　繰り返しになりますが、この**利益による資金調達こそが最も健全な資金調達方法で、この利益を無限に大きくしていくことが健全な企業経営**なのです。

　それでは、具体的に次の章で貸借対照表を見ていきましょう。

—— 120 ——

第 **8** 章

キャッシュの大きさを測る
──当座比率

第8章　キャッシュの大きさを測る──当座比率

1. 最低でも150%は出したい 当座比率の計算の仕方

　当座比率は、企業の流動性（短期の資金支払能力）を見るための指標です。言い換えれば、企業にとっての命である**キャッシュの大きさを測る比率**と言ってもいいでしょう。

　当座比率は下記の算式で計算します。

$$当座比率 = \frac{当座資産}{流動負債} \times 100\%$$

300%以上：良好　　　150〜300%：普通　　　150%以下：悪い

　当座資産は1年以内に確実にキャッシュになる資産です。当座資産には現金預金、受取手形、売掛金、上場有価証券などが含まれます。

　一方、流動負債は1年以内に支払わなければならない負債です。流動負債には支払手形、買掛金、未払金、短期借入金、1年以内返済予定長期借入金、前受金、預り金などがあります。

　この比率が100%以上であれば当座資産で流動負債を確実に支払うことができるはずです。

　しかし、現実にはこの1年で赤字になることもありますし、不慮の事故や災害に遭うこともあります。**流動負債の1.5倍（150%）を最低でも持ちたいものです。**

　次に挙げたSMC商事の貸借対照表で具体的に当座比率を計算してみましょう。

―― 122――

当座資産合計が1億円で流動負債が4,000万円なので、当座比率は250%となります。まあまあの比率です。

さらに、1年以内返済予定長期借入金は自社が計上しなければならない最低限の当期利益を計算するために必要な数値なのです。キャッシュを減らしたくないのなら、計算できるようにしましょう。

こんなに経営上の意思決定に重要な数値が貸借対照表にないなんて全く使い物にならない貸借対照表です。

貸借対照表

SMC 商事　　　　　　　　　　　　　　　令和元年 12 月 31 日現在

借方科目	借方金額 （万円）	貸方科目	貸方金額 （万円）
現金	500	買掛金	800
当座預金	3,000	未払金	500
定期預金	4,000	未払法人税等	200
売掛金	2,500	短期借入金	1,000
当座資産合計	**10,000**	1 年内返済長期借入金	1,500
棚卸資産	1,000	**流動負債合計**	**4,000**
流動資産合計	**11,000**	長期借入金	3,000
建物	5,000	その他固定負債	1,000
構築物	3,000	**固定負債合計**	**4,000**
器具備品	2,000	**負債合計**	**8,000**
減価償却累計額	-3,000	資本金	1,000
有形固定資産合計	**7,000**	当期未処分利益	11,000
ソフトウェア	1,000		
無形固定資産合計	**1,000**		
投資有価証券	1,000		
投資等合計	**1,000**		
固定資産合計	**9,000**	**資本合計**	**12,000**
資産合計	**20,000**	**負債・資本合計**	**20,000**

2. キャッシュを増やすための 当座資産の中身

　キャッシュを増やすためには、特に当座資産の中の現金預金を増やす必要があります。単に当座比率を高くするだけでは、キャッシュが増えるとは限りません。当座資産には現金預金以外に受取手形・売掛金もあります。受取手形が不渡りになったり、売掛金が回収不能になったりするとキャッシュにはなりません。

　一見、売掛金や受取手形が増えるということは、売上が増加している証なので、いいことに見えるかもしれません。

　このような見方は一面では正しいのですが、別の角度から見てみると、貸倒れのリスクがあり危険です。売上の代金回収方法としては現金回収が理想です。さらにいいのは前受金、つまり販売前にキャッシュをいただくことです。

　しかし実際には、取引先との力関係で売掛金の回収サイトや手形の期日の長さが決まります。この回収サイトや手形期日が長くなれば当然、回収に時間がかかり、資金繰りが苦しくなります。さらにその期間が長いほど、取引先が倒産したときの貸倒損失額が大きくなってしまいます。

　このような観点から、**売上を増加させる一方で、売掛金の回収サイトや受取手形の期日は短くしていく努力が欠かせないのです。**

　中小企業経営者が上場大手の取引先に何度も何度も通って嫌な顔をされながらも、ついに手形取引を現金取引にして一時は2億円あった手形残高が各社の取引先との交渉の結果、1,000万円以下になった事例を見てきました。やればできるのです。諦めないことです。

3. 当座比率を上げるための当座資産の増加＆流動負債の減少

　当座比率を上げるためには、当座資産を増やすか、流動負債を減らす必要があります。

（1）当座資産を増加させる方法

・定期預金を増加させる

　定期預金を増やす方法を聞かれて、余剰資金を定期預金にすればいいと答える経営者は、残念ながら三流経営者です。定期預金を増やすにもノウハウがあるのです。

　まず第一が、定期預金をする前に自動的に預金から引き落とされて積み立てをする定期積金をします。早く定期預金の残高が増えていくので、定期積金は１年満期がいいでしょう。

　このまままもし定期積金が満期になっても、決して使ってはいけません。この満期になった定期積金の金額に少し現金を足して定期預金にします。

　大事なのは、一旦定期預金にしたら絶対この定期預金を取り崩さないことです。どんなに資金繰りが苦しくても定期預金を崩してはいけません。銀行から借入ができなくなって、キャッシュがなくなり潰れそうなときになって初めて、定期預金を取り崩しましょう。つまり、万が一のとき以外は定期預金を取り崩さないことです。

　このキャッシュを定期預金によって拘束することで、さらなる副次的効果が期待できます。これをやると自由になるキャッシュが少なく

なり、経費節減となり、利益が増加するのです。

　私は定期預金が10億円以上あるのに、いつもギリギリの資金繰りで経営をして常にキャッシュが足りない足りないと言って、ドンドン定期預金を増やしていった会社を見てきました。

・受取手形・売掛金を増加させる

　受取手形、売掛金は売上が伸びれば伸びるほど増えますが、一概に増加すればいいかと言うと、そうではありません。

　受取手形と売掛金は貸倒れのリスクがあるのです。

　売上は伸びれば伸びるほどいいのですが、現金で回収すれば受取手形や売掛金を減少させることもできます。

　しかし、取引先に対して立場の弱い下請け企業などはなかなか回収条件を自社に有利にすることは困難です。

　たとえば、他社では真似できないような技術を身につけたり、他社では真似できないようなサービス提供をして取引先との関係を優位にすることによって、**現金決済でなければ取引しないというような立場になる必要があります**。

・棚卸資産を圧縮してキャッシュにする

　棚卸資産は多いほうがいいのか、少ないほうがいいのか？

　難しい問題です。売上が同じであるならば棚卸資産は少ないほうがいいに決まっています。

　しかし、棚卸資産が少ないと、欠品して売上を上げる機会を失う可能性があるため、通常、営業の人間は棚卸資産を多く持ちたがる傾向にあります。棚卸資産が多すぎると、売れ残って不良在庫になるかもしれません。

　そこで、よく言われるように棚卸資産を適正在庫にするようにしま

—— 126——

す。とはいえ、適正在庫と言うのは簡単ですが、何が適正在庫なのかがなかなかわからないのです。

　私もお客様のところで適正在庫を計算していただいてその通り持っていただいたら、売れ筋商品があっと言う間に死筋商品になり、不良在庫になってしまいました。適正在庫の計算根拠が過去の売上数量の平均で算出するのか、将来の売上予測に基づいてするのか、本当に難しい問題です。

　いずれにしても、**滞留している在庫や不良在庫は早く処分して換金すべきです。**換金してキャッシュを増やすのです。そして、新たな滞留在庫や不良在庫を出さないよう、心がけていきます。

・不要・遊休資産を処分してキャッシュにする

　経営において、意思決定のミスをしない人はいません。企業経営においてよかれと思って購入した資産が、全く使えなくて遊休資産になっていることは多々あります。

　しかし、その遊休資産をそのままにしておくことが問題なのです。その遊休資産に対して何らかの対応をしなければなりません。

　そこで、使用していない土地・建物、動いていない機械装置、見栄で乗っている高級乗用車、使わないゴルフ会員権、金持ちになった気分になれるリゾート会員権など、**収益を生んでいない固定資産は即刻処分して換金する**ようにしましょう。

　いつか使うかもしれないと言って処分しない未練がましい経営者をよく見ますが、即刻処分することです。万が一、使う必要があれば再び購入すればいいのです。でも、まず、そんな局面は絶対に来ないでしょうけどね。無駄なものを購入したわけですから。

―― 127 ――

（2）流動負債を圧縮する方法

・支払手形を止める

支払手形は支払期日までに全額支払いをしなければ、不渡りとなります。6ヵ月以内に2度不渡りを出すと、銀行取引停止となります。こうなってしまったら、実質的には商売はできませんので、倒産するしかありません。このペナルティはあまりにも大きすぎます。

前述しましたように、**支払手形はあまりにも危険な流動負債なので、即刻発行をやめるべきです。**

私は中小企業経営者には必ず「支払手形の発行はやめましょう」と言い、さらにやめ方のアドバイスもします。

過去に私は100社以上の中小企業に支払手形の発行をやめさせてきました。これは私の使命です。

ここで、支払手形を止めさせるノウハウを紹介しましょう。

支払手形は不況のときに止めるのが基本です。意外に思われるかもしれません。

通常は、景気がよくて業績がいいときに支払手形を止めたほうがいいと思われるかもしれません。

しかし、景気がよくて業績がいいと通常支払手形の残高は大きくなってしまっています。だから、金額の大きな残高の支払手形を一気になくすことは不可能なのです。

たとえば、リーマンショックや東日本大震災などで景気が悪くなったときが支払手形を止める大チャンスです。なぜなら、景気が悪いときは支払手形の残高が少なくなるからです。キャッシュがあれば、支払手形を一気になくしてしまうことができます。

とにかく最も危険な支払手形はなくしましょう。

私は支払手形を発行して平気でいる経営者を見ると、ぬるま湯に浸

かった三流経営者に見えてしまいます。

・短期借入金を圧縮する

　安易に手形借入をして、毎回手形の書き換えをしていると、書き換えをすることが当たり前になってしまいます。

　ところが、手形借入の支払期日になって、突然、銀行が書き換えずに「返済してくれ」と迫ったのを何度も見てきました。いわゆる貸し剥がしですね。手形借入は意外に危険なのです。

　一方、証書借入の長期借入金は、当初の約定通り返済していれば突然、どんなに業績が悪くなろうとも、全額返せなどとは言われません。だから、**手形借入より証書借入のほうが安全**なのです。

　ただし、証書借入は手形借入とは違って、毎月の返済がありますから資金繰りによく注意していなければなりません。

第8章　キャッシュの大きさを測る──当座比率

４．中小企業は当座比率を重要視するべき理由

（1）当座比率が50%の中小企業をイメージしてみると…

当座比率が50%しかない企業があるとします。

当座比率が50%とは、どんなことを意味しているのでしょうか？

１年以内に返済しないといけない負債、つまり流動負債に対して、１年以内に確実にキャッシュになる資金が50%、つまり半分しかないということです。

これはきついですね。この１年の間に流動負債の50%のキャッシュを何らかの方法で捻出しなければなりません。

キャッシュを資金調達する１番目の方法は**借金**でした。こんな財務内容の悪い会社が借金できますか？

こんな資金繰りの厳しい会社に銀行は簡単には貸さないでしょう。

次に２番目の資金調達方法は**出資**でした。こんな会社に出資をする人がいるでしょうか？

そして、３番目の資金調達方法が**利益**による資金調達です。利益による資金調達が一番健全でいいのですが、利益が出なくてキャッシュがないからこそ、当座比率が50%と低迷してしまっているのです。

そこで、最終手段をとるしかありません。遊休資産ばかりでなく、必要な資産であっても、会社の持っている資産で**換金できるものはすべて売却して、キャッシュを捻出する**のです。さらに、役員個人のキャッシュを会社に入れます。役員個人の資産を売却して会社にキャッシュを入れなければなりません。

―― 130 ――

こんなことはしたくないですよね。

だから、常日頃から節税のような馬鹿な真似はしないでキャッシュを大切にして、当座比率が絶対に150%を下回らないようにしなければなりません。

（2）中小企業は流動比率ではなく当座比率を重視すべき

さて、私はなぜ、当座比率を重要視するのでしょうか？

なぜ、流動比率を使わないのでしょうか？

通常、経営分析の書籍を読むと「企業の流動性（短期的な資金支払能力）を見る比率は流動比率です。そして、当座比率は流動比率を補完する比率です」と書かれています。

これは上場会社に限ったことで、注意が必要です。中小企業では流動比率を使用して流動性を見ると、企業が潰れる可能性もあります。

流動比率は「流動資産／流動負債×100％」で計算します。当座比率は「当座資産／流動負債×100％」で、分母の流動負債は流動比率も当座比率も同じです。1年以内に返済しなければならない負債が流動負債です。

それと比較する当座資産（当座比率の場合）、流動資産（流動比率の場合）は1年に確実にキャッシュになって流動負債を返済できなければ、比率の意味がありません。

さて、分子の当座資産（当座比率）になくて、流動資産（流動比率）にあるものは何でしょうか？

ずばり、棚卸資産と短期貸付金です。

棚卸資産は1年以内に確実にキャッシュになると言えますか？

貸付金は確実に1年以内に回収できると言えますか？

中小企業は上場会社と違って公認会計士の監査も受けず、棚卸資産

―― 131――

の販売可能性や短期貸付金の回収可能性も検討することなく、勝手に貸借対照表に計上します。貸借対照表を読めない税理士が決算のお手伝いをして、回収の可能性の検討もせず、機械的に貸借対照表を作成するのがほとんどです。

私は三流税理士が関与した貸借対照表は全く信用していません。

そこで、**キャッシュになるかどうかわからない棚卸資産や貸付金が含まれる流動資産ではなく、当座資産を使うことにしています。**

ただし、三流税理士は受取手形・売掛金の回収可能性のチェックもしていないので、当座資産も全面的には信用してはいけません。企業の寿命を判断するための比率として、流動比率は危なくて使用できませんので、当座比率をあえて使用するようにします。

さらに、三流会計事務所の貸借対照表は流動資産どころか、流動負債も信用できません。証書借入（長期借入金）がある場合、通常流動負債にしなければならない1年以内に返済をする長期借入金（1年以内返済予定長期借入金）があります。何とそれを流動負債ではなく、長期借入金のままにしているのです。

会計事務所としてはとても楽な処理方法ですが、そのように処理された流動負債は正しくないのです。つまり、三流会計事務所の作成した貸借対照表は全く使いものにならないのです。

では、貸借対照表を読める会計事務所か読めない会計事務所かの判断基準はどんなところにあるのでしょうか？

この「**1年以内返済予定長期借入金」が貸借対照法の流動負債にあるかどうかです。**長期借入金が固定負債にあるにもかかわらず、流動負債に「1年以内返済予定長期借入金」がなければ、その貸借対照表は全く使い物になりません。

そして、その貸借対照表を作成した会計事務所は貸借対照表の読めない超三流会計事務所なのです。

―― 132――

第9章

利益の大きさを測る
——自己資本比率

第9章　利益の大きさを測る──自己資本比率

1. 健全な資金調達を見る　自己資本比率の計算の仕方

　自己資本比率は資金調達の健全性を見る最も大事な指標です。**自己資本比率は健全な資金調達方法である利益の大きさを測るための指標**でもあります。

　言い換えれば、最もリスクの少ない資金調達方法である利益による資金調達の大きさを見る指標とも言えるでしょう。

$$自己資本比率 = \frac{純資産（自己資本）}{総資産} \times 100\%$$

70%以上：良好　　50〜70%：普通　　50%以下：悪い

　前述のＳＭＣ商事の貸借対照表で、具体的に自己資本比率を計算してみましょう（123ページ）。

　総資産が2億円で純資産が1億2,000万円なので、自己資本比率は60%となります。まあまあの比率です。

──134──

2. 自己資本比率を上げるための 総資産の減少＆純資産の増加

　自己資本比率を上げるためには、総資産を減らすか、純資産を増やす必要があります。

（1）総資産を圧縮する方法

　分母の総資産を圧縮して自己資本比率を高めます。総資産を減らすために、次のようなことに着手します。

①棚卸資産を減らす

　　滞留している棚卸資産や不良の棚卸資産を思い切って処分してキャッシュに変えること

②不要・遊休の固定資産を処分する

　　使っていない土地・建物や機械装置・工具器具備品は安くても売却するか廃棄処分すること

③企業経営に必要のない資産の処分

　　利用していないゴルフ会員権・リゾート会員権・高級乗用車などは安くても処分してキャッシュにすること

④現金預金と借入金が両建てになっている場合

　　銀行との付き合いで不要な現金預金を保有しながら借入金もある場合には現金預金で借入金を返済して資産も負債もともに圧縮すること

第9章　利益の大きさを測る——自己資本比率

　総資産が多いと、会社にとって財産がたくさんあっていいように見えるかもしれません。

　しかし、実際には、現金、預金以外の財産が多いということは、それだけキャッシュが眠ってしまっているということです。

　そして、キャッシュ以外の財産には、将来的にも決してキャッシュにならないような不良資産になってしまうものもあるので、決して財産が多いことがいいとは限りません。

　逆に、少ない資産で収益を上げるほうが投資効率としてはいいことになります。**少ない元手で大きな儲けを得ることが大切です。**

　この投資効率を見るための比率に、総資本（総資産）経常利益率があります。

$$
総資本経常利益率 \ = \ \frac{経常利益}{総資産} \ \times \ 100\%
$$

　この算式の総資本経常利益率の意味は、持っている総資産を運用していくらの経常利益を獲得できるかという投資の利回りと同じです。

　総資本経常利益率は、一般的には５％以上がいいと言われていますが、それは上場会社のような大企業の話で、**中小企業は 10％以上ないと投資効率が悪い**と言えます。

（2）純資産を増加させる方法

　純資産を増やすためには、２つの方法しかありません。

　１つ目の方法は**出資によって純資産を増やす**方法です。つまり、増資によって株主から出資をしていただいて純資産を増やすのです。その結果、企業側では資本金が増えることになります。

——136——

しかし、中小企業の増資に応じる出資者は、経営者の親族か友人・知人ぐらいしかいないため、多くの金額の純資産を増やすことはできません。

　続いて、２つ目の方法は**利益によって純資産を増やす方法**です。利益は企業自ら稼いで得る利益なので、どんなに大きくなろうとも全く問題ありません。

　この利益は税金を支払った残りであり、無限大に大きくすることも可能です。この利益をどんどん大きくして純資産を増やすことが、企業にとって最も健全な方法です。

第9章　利益の大きさを測る──自己資本比率

3. 自己資本比率が低いのは 利益が出ないから

（1）利益の蓄積ができない理由

　自己資本比率が低いのは利益の蓄積が少ないからです。純資産の中の利益の蓄積は、会社設立以来のすべての利益の合計が入っています。

　たとえば、現在第30期であれば30年間の利益の合計が純資産に入っています。そして、純資産の利益の合計を30期で割れば、1期当たりの平均の当期利益を計算することができます。

　一度、あなたの会社の1期当たりの平均の当期利益を計算してみてください。

　この利益の蓄積が少ないと自己資本比率が低くなりますが、利益の蓄積が低くなる要因には2つあります。

　まず、1つ目は本業での儲けが少なくて、利益の金額の蓄積が少なくなっている場合です。ハッキリ言ってしまえば、儲かっていない企業の自己資本比率は当然、低くなります。

　2つ目は本業での儲けはあるけれど、B/Sを読めない三流会計事務所のアドバイスで、節税を頻繁にしている企業です。節税することによって、最も健全な資金調達手段である利益を減少させてしまいます。

☆節税の正体
↓
健全な利益による資金調達を減らす
↓
企業の命であるキャッシュを減らす

──138──

（2）節税で当期利益を圧縮した例

＜事例 A 社＞

売上高 1 億円　－　経費合計 8,000 万円

＝　税引前当期利益 2,000 万円

税金を 40％とすると、

税引前当期利益 2,000 万円　―　税金 800 万円

＝　当期利益　1,200 万円

この当期利益 1,200 万円が貸借対照表の純資産の利益による資金調達に加算されていきます。

ここで困ったことに、A 社の三流経営者は 800 万円の税金がもったいなくて、三流会計事務所へ節税してほしいと依頼しました。

三流会計事務所からの提案は、社員も頑張ったんだから、1,000 万円の**決算賞与**を支払う提案がされました。三流経営者はこの提案はとってもいいと思い、1,000 万円の決算賞与を支払うことにしました。

では、1,000 万円の決算賞与を支払うとどのようになるのでしょう。

経費合計が 8,000 万円から 1,000 万円増えて 9,000 万円となります。

売上高 1 億円　－　経費合計 9,000 万円

＝　税引前当期利益 1,000 万円

税金を 40％とすると、

税引前当期利益 1,000 万円　－　税金 400 万円

＝　当期利益　600 万円

節税提案の前の税金が 800 万円だったのが 400 万円になり、税金が半分になったと三流経営者は三流会計事務所に感謝をしました。

——139——

第9章　利益の大きさを測る──自己資本比率

　この三流の二人は貸借対照表のことがよくわかっていないのです。

　まず、節税提案前の当期利益は1,200万円でした。

　ところが、節税提案後の当期利益は600万円に減少してしまいました。この当期利益はB/Sの右側の資金調達のところへ行くべき金額です。最も健全な資金調達方法の利益による資金調達を1,200万円から600万円に減少させてしまいました。

　貸借対照表は左側の合計と右側の合計が必ず一致するので、右側の利益による資金調達が600万円減少したら、当然、左側の資金運用の何らかの資産が必ず減少しているはずです。

　さて、何が減少したのでしょうか？

　まず、社員への決算賞与の支払いで1,000万円現金が減少しました。

　一方、税金の支払いが800万円から400万円へと400万円減少したので、現金が400万円増加しました。1,000万円の減少と400万円の増加で差し引き600万円の現金が減少しました。

　三流会計事務所の節税提案を真に受けて実行したところ、三流経営者の経営するA社は結局、**600万円の健全な利益による資金調達を失うとともに、企業にとっての命であるキャッシュを600万円減らしてしまったのです。**これが真の節税の正体なのです。

　B/Sを読めない三流会計事務所と税金を払いたくない三流経営者には、節税のもたらす最悪の結果がわからないのです。

──140──

4. ようやく出てきました！
節税をしてもいい会社とは

　「今まで、散々節税はダメだとか、節税を実行する三流経営者とこき下ろしてきたのに、節税をしていい会社があるの？」と思われるかもしれません。

　ところが、一定の要件を満たせば節税をしてもいい会社があるのです。

　さて、その一定の要件とは何でしょうか？

　それは、

当座比率が300％以上
かつ、自己資本比率が70％以上

の会社です。

　このような会社は自己資本比率が70％以上なので、**利益による資金調達は十分にあり**、借入金も少なくなっています。さらに、当座比率も300％以上あるのでキャッシュも潤沢にあるはずです。

　たとえば、1億円の設備投資をしようとしても銀行借入をせず、自己資金で十分購入できるような会社です。現実にこのような会社も数多く存在しています。

　さて、読者の皆さんの会社も必ず当座比率300％以上、自己資本比率70％以上になるよう、利益を出し続けましょう。

　そして、一旦、当座比率300％以上、自己資本比率70％以上を達成したならば、たとえ節税をしたとしても、**絶対に当座比率300％以上、自己資本比率70％以上を維持しましょう**。

——141——

第 9 章　利益の大きさを測る──自己資本比率

　そして、節税した結果、当座比率が 300％を下回ったり、自己資本
比率が 70％を下回ることがないように注意が必要です。

第 **10** 章

してもいい
設備投資と借入金

第10章　してもいい設備投資と借入金

1. 設備投資は当座比率と自己資本比率で考える

　多くの企業の倒産は、設備投資と借入金の関係がわからず、会社の業績のいいときに、銀行の言いなりになって借りた借入金の返済に窮して、キャッシュが底をついたためです。つまり、設備投資と借入の関係を十分理解しておく必要があります。

　逆に言えば、設備投資と借入金の関係を誤らなければ、基本的には**企業は潰れません**。

　さて、当座比率と自己資本比率で設備投資のリスクについて判断することにします。

　前述のSMC商事を事例に使います。SMC商事の経営者は機械装置を1,000万円購入したいと思っています。資金は下記のA〜Cの3つの案で検討します。

A) 1,000万円の機械装置 [耐用年数 10 年] を長期借入金
　（1年間返済据え置き) で資金調達して購入する。

まずは、A案では当座比率がどのように変化するでしょう。

当座比率　＝　当座資産1億円　÷　流動負債4,000万円
　　　　　＝　250%

設備投資する前と変わらずです。

自己資本比率＝　純資産1億2,000万円　÷　総資産2億1,000万円
　　　　　　＝　57%

若干悪化しましたね。

——144——

B）1,000万円の機械装置 [耐用年数 10 年] を短期借入金で
　　資金調達して購入する。

B案では当座比率がどのように変化するでしょう。
当座比率　＝　当座資産１億円　　÷　　流動負債 5,000 万円
　　　　　　＝　200％
設備投資する前と比べて 50％悪くなりました。それでも、150％
以上はあります。
自己資本比率　＝　純資産１億 2,000 万円÷総資産２億 1,000 万円
　　　　　　　　＝　57％
Aと同じで若干悪化しましたね。

C）1,000万円の機械装置 [耐用年数 10 年] を自己資金（キャッ
　　シュ）で購入する。

当座比率　＝　当座資産 9,000 万円　　÷　　流動負債 4,000 万円
　　　　　　＝　225％
設備投資する前と比べて 25％悪くなりました。それでも、150％
以上はあります。
自己資本比率　＝　純資産１億 2,000 万円　÷　　総資産２億円
　　　　　　　　＝　60％
設備投資前と同じですね。

	A	B	C
当座比率 250％	250％	200％	225％
自己資本比率 60％	57％	57％	60％

第10章　してもいい設備投資と借入金

　さて、この結果を見てどうでしょうか？

　私ならばC案にします。まず、当座比率と自己資本比率のどちらを優先するかの判断基準の説明をしましょう。

　SMC商事のように、財務内容がいい会社は資金繰りが厳しくないので、あまり当座比率を気にする必要がありません。だから、自己資本比率を悪くしないことを考えればいいのです。

　一方、財務内容が悪い会社は資金繰りが厳しいので、自己資本比率を気にしている余裕などありません。目先の資金繰り、つまり当座比率を重視せざるを得ません。もし、SMC商事が財務内容の悪い会社であったとしたならば、当座比率が悪化しないA案を選択すべきでしょう。

　さて、とっても重要な当座比率と自己資本比率ですが、私はどちらが重要ですかという質問をよく受けます。私はどちらも重要ですが、ケースバイケースでどちらが重要かは変わりますと答えています。

　前述しましたが、会社の業績が悪くて資金繰りがすでに苦しい企業は、当座比率が重要となります。目先の資金繰りが苦しくなっていますので、当座比率が少しでもよくなる対策を講じることです。そして、この比率がさらに悪くなると企業が潰れてしまうことにもなります。

　企業の命であるキャッシュの多さを測るバロメーターである当座比率のほうが自己資本比率より当面は重要となります。

　一方、すでに業績がよく、当座比率も150％以上あれば、当面のキャッシュは十分ありますので、利益による資金調達を表す自己資本比率のほうが重要となります。利益をさらに上げて自己資本比率をどんどん高くして、さらに、強固な財務体質を築くことを優先することになります。

　まとめますと、**業績のよくない企業は当座比率を重視し、業績がいい会社は自己資本比率を重視すべき**ということになります。

2. 1年間で返済すべき借入金は すぐにわかりますか？

（1）1年以内返済予定長期借入金

　今からお話しすることはとっても大事なことなので、必ず根本から理解するようにしてください。

　さて、あなたの会社は1年間でいくらの借金を返さなければならないのかわかりますか？

　これさえもわからないのであれば、経営者を辞めたほうがいいですよ。この1年間に返さなければならない借金は貸借対照表に必ず記載されているはずです。流動負債のなかに「1年以内返済予定長期借入金」が掲載されているはずです。

　貸借対照表の流動負債のうち「1年以内返済予定長期借入金」以外の資産負債が一定だとしても、この「1年以内返済予定長期借入金」は証書借入なので、必ず約定で決まっています。必ず返済しなければなりません。

　つまり、この金額だけは必ずキャッシュを確保していなければ借入金の返済をすることができません。

　さて、借入金の返済財源は下記の算式で計算することができます。

返済財源(キャッシュの増加) = 当期利益 + 減価償却費

　当期利益は資産・負債が一定という条件の下では必ず当期利益の金額だけはキャッシュが増えます。

第10章　してもいい設備投資と借入金

　そして、当期利益に加算されている減価償却費は、過去にすでに支払いが済んでいる建物や設備などの計算上の各期に配分する経費なので、キャッシュの支払いはありません。

　したがって、当期利益と減価償却費の合計額はキャッシュが増加すると考えることができるわけです。この金額を全額「1年以内返済予定長期借入金」の返済に充てても資産は減少しませんし、負債も増えることがありません。

（2）借入金の返済期間の決定は重要事項

　では、SMC商事の例で見ていきましょう（123ページ）。

　SMC商事の貸借対照表の流動負債の「1年以内返済予定長期借入金」は1,500万円です。この金額は1年間で必ず返済しなければならない金額です。そして返済財源は、当期利益が1,200万円、減価償却費が600万円で合計1,800万円あります。

　　　返済財源1,800万円

　　＝　当期利益1,200万円　＋　減価償却費600万円

　　　1年以内返済予定の長期借入金　　　　返済財源
　　　　　　　　　1,500万円　　＜　　1,800万円

　なので、1,500万円を返済しても300万円のキャッシュが増えることになります。

　さて、読者の皆さん、当期利益は1年間事業を行った結果、出てくると思っていませんか？

　そんな考えは大きな間違いです。そんな甘い考えをしているので、会社を潰すのです。必ず達成しなければならない当期利益は、事業開

——148——

始前から決まっているのです。

たとえば、SMC商事であれば、「1年以内返済予定長期借入金」1,500万円、減価償却費600万円はその期の事業開始前からわかっているので、当期利益は1,500万円－600万円＝900万円は絶対に達成しなければならないことがわかっているのです。

もし、SMC商事に3,000万円の「1年以内返済予定長期借入金」があったとしたならば、

　　　3,000万円　－　600万円の減価償却費

　　＝　2,400万円の当期利益

これを達成しなければなりません。こんな簡単なことがわかっていないので三流経営者の会社はキャッシュが不足してしまうのです。

そして、前述しましたが、借入金の返済期間が短ければ短いほど「1年以内返済予定長期借入金」の金額は大きくなります。

たとえば、1,000万円の借入の返済期間が5年であれば、「1年以内返済予定長期借入金」は200万円になります。1,000万円の借入の返済期間が10年であれば、「1年以内返済予定長期借入金」は100万円になります。

したがって、返済期間を短くすればするほど、「1年以内返済予定長期借入金」が増えて、達成しなければならない当期利益の金額も大きくなってしまうのです。当期利益が大きくならなければ借入金の返済ができなくなるので、これはリスクになります。

逆に、借入金の返済期間が長ければ長いほど「1年以内返済予定長期借入金」の金額は小さくなります。

この議論でもやはり、借入の返済期間が長ければ長いほど、リスクが少ないことがわかります。だから、**借入の返済期間を何年にするかは経営のとても重要な意思決定事項なのです。**

第10章　してもいい設備投資と借入金

３．耐用年数と借入金返済期間の関係がわからなければ借金するな

　設備投資と借入金の返済期間の関係はとても重要です。この関係を理解している中小企業の経営者は本当に少ないです。

　企業は例外なく、資金がなくなって倒産していきます。そして、資金がなくなってしまうその根本的な原因の多くは、この「設備投資と借入金の返済期間」のことを経営者が理解していないために、身分不相応な借入をしてしまうことにあります。

（1）金利よりも返済期間を重視する

　銀行借入する場合、意思決定をしなければならない基本的なことが２つあります。**金利と返済期間**です。どちらも重要な要素ですが、どちらを優先すべきかと言えば、金利ではなく返済期間を優先すべきです。下の例で見てみましょう。

　1,000万円の機械装置を全額借入金（毎年１年後の期日に１年分全額返済する）で購入することとします。

　　＜Ａ銀行の提案＞
　　　　10年返済で金利３％
　　＜Ｂ銀行の提案＞
　　　　５年返済で金利１％

　さて、どちらを選択したらよいでしょうか。

——150——

まず、Ａ銀行の提案を検討します。初年度の元本返済金額が100万円（1,000万円÷10年）です。金利は1,000万円×3％で30万円です。出ていくキャッシュの金額は130万円です。

　一方、Ｂ銀行の提案を検討します。初年度の元本返済金額は200万円（1,000万円÷5年）です。金利は1,000万円×1％で10万円です。出ていくキャッシュの金額は210万円です。

　上記の結果はＡ銀行のキャッシュアウトは130万円に対して、Ｂ銀行のキャッシュアウトは210万円です。キャッシュアウトが少なければ少ないほどリスクが低くなります。

　よって、機械装置の借入はＡ銀行の提案を採用すべきです。

　金利は安いに越したことはありませんが、私は金利が高すぎて資金ショートした企業は一度も見たことはありません。

　一方、返済金額が大きすぎて資金ショートして潰れた企業は何社も見てきました。勉強不足の三流経営者は金利のことしか理解できないために、金利の高い安いで判断をしてしまいます。

　本当に大事なのは、キャッシュアウトが大きい返済金額の返済期間であり、最も重要な経営上の意思決定事項なのです。

（2）耐用年数と返済期間・返済金額の関係

　設備投資した資産の耐用年数と銀行借入の返済期間の関係は最も重要な事項です。もっと言えば、この関係が理解できない経営者は借入金で設備投資をしないことです。

　耐用年数とは、設備投資金額を配分して経費化する期間を言います。

　さて、それでは具体的な事例を使って耐用年数と返済期間の関係を見ていきましょう。

——151——

第10章　してもいい設備投資と借入金

　機械装置3,000万円（耐用年数10年：簡略化のために減価償却費は毎期300万円とします）を銀行借入で購入するとします。

　3つの返済期間を検討します。

　この会社は毎期、当期利益が赤黒トントンの0円と仮定します。

A案）返済期間5年　　　　返済期間　＜　耐用年数

　　　1年間の返済金額600万円　　＞　当期利益0円
　　　　　　　　　　　　　　　　　　　　＋減価償却費300万円

B案）返済期間10年　　　　返済期間　＝　耐用年数

　　　1年間の返済金額300万円　＝　当期利益0円
　　　　　　　　　　　　　　　　　　　　＋減価償却費300万円

C案）返済期間15年　　　　返済期間　＞　耐用年数

　　　1年間の返済金額200万円　＜　当期利益0円
　　　　　　　　　　　　　　　　　　　　＋減価償却費300万円

　A案、B案、C案すべて、返済財源は当期利益0円＋減価償却費300万円で同じです。

　上記の3つの案を見てみると、A案は返済期間5年ですが、1年間の返済金額は600万円です。毎期、600万円－300万円が不足します。よって、当期利益がゼロでは返済できません。毎期、不足額の300万円以上の利益を計上しないと、返済できないのです。

　B案は返済期間が10年ですが、返済金額300万円で返済財源も300万円なのでちょうど返済できます。しかし、1円でも赤字になると全額を返済することが無理になります。

——152——

C案は返済期間が15年ですが、返済金額は200万円で余剰金が100万円あります。赤字が最低でも100万円出たとしても十分返済ができます（税金を考慮すると、もう少し赤字が大きくても返済できます）。

さて、上記のように返済期間と耐用年数の関係を見てくると、最もリスクが少ないのは返済期間が耐用年数より長いC案の15年であることがわかります。

借入をするときに、最も重要な経営の意思決定事項は、借入金の返済期間なのです。そして、**可能な限り、返済期間は長くしましょう。**

第 **11** 章

損益計算書と
変動損益計算書
の読み方

第11章　損益計算書と変動損益計算書の読み方

1.「5つの利益」の違いがわかりますか？

　損益計算書は、企業の経営成績を明らかにするために段階的に性格の異なる利益を算出し、表示します。

　貸借対照表は会社の設立以来のすべての情報が載っていますが、**損益計算書はたった1年間の会社の経営成績を表しているにすぎません**。当期の損益計算書の経常利益が1億円あります。

　「凄い経常利益が出ていていい会社ですね」と言うのは損益計算書だけしか読めない三流会計事務所の誉め言葉です。

　しかし、当期1億円の利益が出ていても、前期は2億円の赤字かもしれません。そして、貸借対照表は債務超過かもしれません。

　それでも、いい会社でしょうか？

　損益計算書は最も健全な資金調達方法である利益（当期利益）を計算するためのものです。名は体を表すと言う通り、損益計算書は損益（利益か？　損失か？）を計算しているのです。

　損益計算書は基本的には、

　　　　収益　−　費用　＝　利益

の構造になっています。

　損益計算書の計算結果が、利益であれば、その金額が貸借対照表の利益による資金調達に加算され、損失であれば、その金額が貸借対照表の利益による資金調達から減算されることになります。

　この損益計算書で計算された利益や損失が、会社設立以来蓄積されてきた貸借対照表の利益による資金調達になるのです。

——156——

さて、このように見てくると、損益計算書は1年間の損益の結果を表すための計算書であることがわかります。これはこれで重要なことですが、過去の経営成績だけを表している損益計算書では、**将来の予測をするための経営管理ツールとしては不十分です。**

そこで、一般的に使用されている**損益計算書を少し組み替えて変動損益計算書を作ってみると、将来をよくするための経営管理ツールに生まれ変わります。**

項　　目	内　　容
1、売上高	製品・商品の販売高及び役務の提供の対価
2、売上原価	売上高に対応する商品・製品等の原価
3、売上総利益	売上により生じた利益（粗利益）で商品・製品等の収益力を示す
4、販売費及び一般管理費	販売業務・一般管理業務に関して発生した費用
5、営業利益	主要な営業活動から生じた利益で営業活動の収益力を示す
6、営業外収益	主として受取利息配当金等の金融収益及び経常的に発生する収益
7、営業外費用	主として支払利息等の金融費用及び経常的に発生する費用
8、経常利益	経常的な経営活動から生じた利益で経営活動の収益力を示す
9、特別利益	臨時的または特別に発生する収益
10、特別損失	臨時的または特別に発生する損失
11、税引前当期利益	すべての経営活動により生じた利益
12、法人税等	法人税・法人県民税・法人市民税
13、当期利益	税金を控除した残りの利益で企業の一会計期間の活動の純成果

—— 157 ——

第11章　損益計算書と変動損益計算書の読み方

２．変動損益計算書の読み方

（1）売上高と固定費・変動費、そして利益の関係

　通常の損益計算書では、製造原価と販売費及び一般管理費に区分しますが、この区分の仕方が中小企業の場合はあいまいであり、また、中小企業にとって製造原価も販売費及び一般管理費ともに必要な経費であり、あまり区分する意味がありません。

　そこで、変動損益計算書では経営管理のためのシミュレーションができるように、**経費をまず変動費と固定費に分けます**。変動費は売上に比例する経費で、固定費は売上に比例しない一定の経費です。

　しかし、実際には経費を変動費と固定費に正確に分けることはできません。それは経費のなかには変動費と固定費の中間的な準変動費や準固定費といった性格のものも多くあるからです。とはいえ、経営管理のシミュレーションを行う場合にはあまり複雑になることは望ましくありません。

　そこで、**変動費は材料費・外注費・商品仕入高（売上原価）に限定し、その他の経費はすべて固定費**というようにしておきます。少し荒っぽいですが、単純化した過程で変動損益計算書を作成することにします。

　さて、変動損益計算書をグラフに表してみると、右のグラフのようになります。

——158——

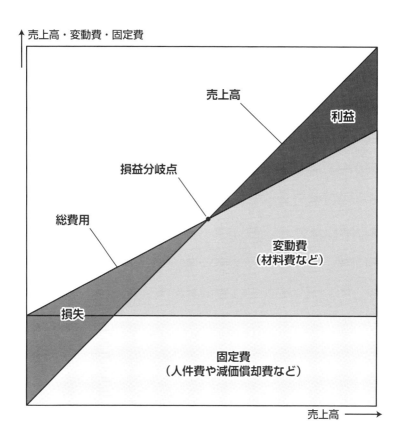

(2) 変動損益計算書はどのように作られているか

　損益計算書を変動損益計算書に組み替える方法は、次ページの図の通りです。ぜひ、一度、自社の損益計算書を変動損益計算書に作り替えてみてください。

　なお、卸売業、小売業、サービス業は基本的には今手元にある損益計算書を変動損益計算書として使うことができます。製造業と建設業

第11章 損益計算書と変動損益計算書の読み方

は組み替える必要があります。

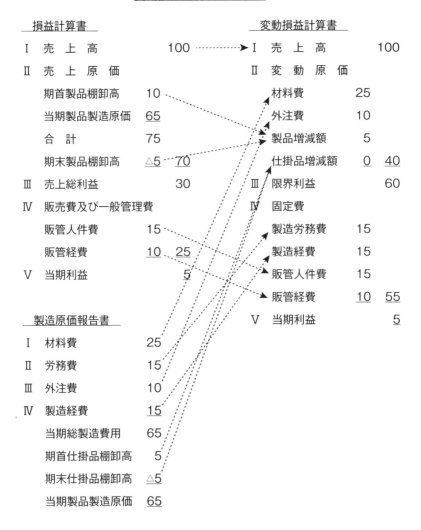

（3）変動損益計算書の戦略的な使い方

　それでは早速、変動損益計算書を経営管理のためのシミュレーションに使ってみましょう。私は損益計算書上で経営者として管理しなければならないものは売上高と人件費だと思っています。**経営者として売上高と人件費を自由自在にコントロールできれば、必ず利益をコントロールできるはずです。**

SMC 商事　変動損益計算書

Ⅰ、売上高		
売　上　高		200,000,000
Ⅱ、変動費		
期首商品棚卸高	2,000,000	
当期商品仕入高	81,000,000	
計	83,000,000	
期末製品棚卸高	3,000,000	80,000,000
限界利益		120,000,000
Ⅲ、固定費		
広告宣伝費	10,000,000	
給料・賞与	60,000,000	20名
旅費交通費	5,000,000	
水道光熱費	6,000,000	
消耗品費	5,000,000	
交際費	3,000,000	
減価償却費	6,000,000	
雑費	3,000,000	98,000,000
営業利益		22,000,000
Ⅳ、営業外収益		
受取利息	1,000,000	1,000,000
Ⅴ、営業外費用		
支払利息	3,000,000	3,000,000
経常利益		20,000,000
税引前当期利益		20,000,000
法人税等		8,000,000
当期利益		12,000,000

—— 161——

第11章　損益計算書と変動損益計算書の読み方

　さて、本書では変動損益計算書を使って、損益分岐点分析、労働生産性の計算、社員給与分配率の計算、そして最後に、適正人員の計算をします。具体的に挙げたものが、前ページの変動損益計算書です。

第 **12** 章

会社を潰さない売上高
——損益分岐点分析

第12章　会社を潰さない売上高──損益分岐点分析

1．損益がゼロになる売上高の計算

　まずは、損益がゼロになる売上高を計算してみます。**損益がゼロになる売上高を損益分岐点売上高と言います**。この損益分岐点売上高は経営者として絶対に知っていなければならない売上高です。

　というのも、この売上高を下回るということは赤字になるということだからです。つまり、自分の会社を黒字にするには、この損益分岐点売上高を必ず超えなければならないのです。

　事前に損益分岐点の売上高を知っていれば、赤字に陥らないよう、対策が練られると思いませんか？

　損益分岐点売上高を知っていて赤字に陥るのは能力がなくて損益分岐点売上高を上げることを諦めたときに限られるのです。

　さて、損益分岐点売上高は下記の算式で計算します。

$$損益分岐点売上高 \quad = \quad 固定費 \quad \div \quad \frac{（売上高 - 変動費）}{売上高}$$

　前記のＳＭＣ商事で**営業利益がゼロとなる損益分岐点売上高**を計算してみましょう。

$$固定費 \, 9{,}800 \, 万円 \div \frac{（売上高 \, 2 \, 億円 - 変動費 \, 8{,}000 \, 万円）}{売上高 \, 2 \, 億円}$$

$$= 1 \, 億 \, 6{,}333 \, 万 \, 3{,}000 \, 円$$

　営業利益がゼロになる売上高は 1 億 6,333 万 3,000 円です。この

──164──

売上高を下回ると営業利益がマイナスになります。

さて、続いて**経常利益がゼロとなる損益分岐点売上高**を計算してみましょう。経常利益は営業利益に営業外収益をプラスして、営業外費用をマイナスして計算します。営業外収益も営業外費用もともに売上高に比例しないものなので、ともに固定費に含めます。

　　固定費 9,800 万円 − 営業外収益 100 万円 + 営業外費用 300 万円
　　= 1 億円

これが経常利益を計算するときの固定費となります。

$$固定費 1 億円 \div \frac{（売上高 2 億円 − 変動費 8,000 万円）}{売上高 2 億円}$$

$$= 1 億 6,666 万 6,000 円$$

経常利益がゼロになる売上高は 1 億 6,666 万 6,000 円です。この売上高を下回ると経常利益がマイナスになります。

これらの損益分岐点売上高は経営者として絶対知っていなければならない数値です。

続いて、**経常利益が 3,000 万円になる売上高**を計算してみましょう。さて、どのように計算するのでしょうか？

固定費に経常利益をプラスして計算すればできます。

固定費 1 億円に 3,000 万円をプラスして固定費を 1 億 3,000 万円として計算します。

$$固定費 1 億 3,000 万円 \div \frac{（売上高 2 億円 − 変動費 8,000 万円）}{売上高 2 億円}$$

$$= 2 億 1,666 万 6,000 円$$

経常利益が 3,000 万円になる売上高は 2 億 1,666 万 6,000 円です。

第12章　会社を潰さない売上高──損益分岐点分析

検算してみますね。

変動費率＝8,000万円÷2億円＝40％

売上高2億1,666万6,000円

　　　－（売上高2億1,666万6,000円×変動費率40％）

　　　－固定費1億円＝3,000万円

となります。

続いて、**経常利益が5,000万円になる売上高**を計算してみます。

さて、どのように計算するのでしょうか？

固定費に経常利益をプラスして計算すればできます。

固定費1億円に5,000万円をプラスして、

$$固定費1億5,000万円 \div \frac{（売上高2億円 - 変動費8,000万円）}{売上高2億円}$$

$$= 2億5,000万円$$

経常利益が5,000万円になる売上高は2億5,000万円です。

売上高2億5,000万円

　　　－（売上高2億5,000万円×変動費率40％）

　　　－固定費1億円＝5,000万円

となります。

2. キャッシュを増やす売上高の計算

さて、最後が超応用編です。

キャッシュを 3,000 万円増やすための売上高はいくらですか？

1 年以内返済予定長期借入金が 1,500 万円あります。この金額にプラス 3,000 万円がキャッシュの増加になればいいのです。

キャッシュの増加　＝　当期利益　＋　減価償却費

キャッシュの増加 4,500 万円 − 減価償却費 600 万円 = 3,900 万円

これが必要当期利益です。

税率を 40％ とすると、3,900 万円 ÷ 0.6 = 6,500 万円の経常利益が必要となります。

経常利益が 6,500 万円になる売上を計算してみましょう。

さて、どのように計算するのでしょうか？

固定費に経常利益をプラスして計算すればできます。

固定費 1 億円に 6,500 万円をプラスして、

$$\text{固定費 1 億 6,500 万円} \div \frac{(\text{売上高 2 億円} - \text{変動費 8,000 万円})}{\text{売上高 2 億円}}$$

$$= \text{2 億 7,500 万円}$$

キャッシュが 3,000 万円増える売上高は 2 億 7,500 万円です。

さあ、いかがでしょうか？

第12章　会社を潰さない売上高──損益分岐点分析

　損益分岐点分析をすると、経営者として赤字に陥らない売上高、達成したい営業利益や経常利益を実現するための売上高、さらには増やしたいキャッシュの金額を実現するための売上高までも計算できるのです。

　とっても夢のある経営管理のシミュレーションだと思いませんか？

　このシミュレーションは経営計画を作成するときには、とっても有効な手段となります。

　通常、経営計画を作るために損益計算書を作成する場合、実現可能な売上高を対前年比で10％増加などと、多くの人はまず決めてしまいます。

　そして、売上総利益率を想定して売上原価、売上総利益が計算されます。

　さらに、事業計画に必要な経費を見積もって利益を計算します。

　通常は、

　　　　売上　→　経費　→　利益

この順番で計算されるのです。

　しかし、そうではなく、1年以内返済予定長期借入金と増やしたいキャッシュの金額をまず決めるべきです。すると増加しなければならないキャッシュが決まれば当期利益が決まります。

　そして、事業計画に必要な経費を見積もると必要な売上総利益が決まり、その結果、必要な売上高も決まるものなのです。

　真実の決め方は、

1年以内返済予定長期借入金
と増加キャッシュ　　　→　利益　→　経費　→　売上高

この順番で計算されるものなのです。

── 168──

第 **13** 章

経営者がコントロールできるか
──社員給与分配率

第13章　経営者がコントロールできるか——社員給与分配率

1. 社員給与分配率とは

　社員給与分配率とは限界利益に占める社員の給料・賃金・賞与の割合を言います。

$$社員給与分配率 \quad = \quad \frac{社員給与・賃金・賞与}{限界利益} \quad × \quad 100\%$$

　なぜ、社員の給料・賃金・賞与のみの社員給与分配率を使って、給料・賃金・賞与・法定福利費や福利厚生費を含んだ労働分配率を使わないのでしょうか？

　社会保険料などの法定福利費は経営者自らコントロールしようとしてもほぼ不可能だから除外するのです。

　経営者自らコントロールできる社員給与分配率は原則として低ければ低いほどいいと言えます。

　しかし、社員給与分配率が低すぎると、社員の給料水準が低すぎるということにもなりますので、要注意です。自社にとっての社員給与分配率の適正水準を見極める必要があります。**通常の中小企業であれば40〜50%が適正でしょう。**

　例外として、設備産業であまり人がいなくても生産ができるような企業は社員給与分配率が低くなりますし、労働集約的な企業では高くなる傾向があります。

　また、特許があり、他社が真似できない技術を持っていたりすると、限界利益が高くなり、社員給与分配率が低くなる傾向もあります。

—— 170——

私の経験上、ＳＭＣグループは40〜50％のなかに収まっているのが適正だと思っています。45％を下回ると、社員数が足りなくてとっても忙しくなりますが、会社自体は大きな利益が出ます。

　一方、50％を超えると、社員にとっての仕事は楽になりますが、ＳＭＣグループの会社自体の利益は出ずらくなります。したがって、社員にとっても適正、そして企業にとっても適度に利益が出る社員給与分配率の水準を各企業で見つける必要があります。

　それではSMC商事の変動損益計算書を使って、具体的に社員給与分配率を計算してみましょう。

$$
社員給与分配率 ＝ \frac{社員給与\ 6,000\ 万円}{限界利益\ 1\ 億\ 2,000\ 万円} \times 100\% = 50\%
$$

　さて、ＳＭＣ商事は社員給与分配率が50％なので適正な水準ですが、少し高いと言えるでしょう。

　たとえば、この社員給与分配率を45％にしたいと思えば、社員給料を5,400万円、つまり600万円下げるか、逆に限界利益を1億3,333万3,000円に上げるかの方策をとる必要があります。

　ここで重要なのは、**社員給与分配率を経営者自らがコントロールする必要があるということです。限界利益・社員給与の両方を自由自在にコントロールします。**

　三流経営者は「給料は支払わないといけないのでコントロールできない、限界利益もこんな不況の中、売上も簡単に上がらないし、ましてや利益率なんか上げたら売れなくなってしまう」なんて、できない理由を並べるでしょう。

　しかし、売上と人件費をコントロールできなければ、企業経営はできません。というより、自分の意志では経営できなくなってしまうのです。人件費のコントローの仕方はいろいろあると思います。

―― 171――

2. 社員の給料に対する考え方

　私の人件費に対する考え方をお話ししたいと思います。

　私たちＳＭＣグループは年俸制にしています。当初、年度が始まる前に年俸を決めて、その年俸を16で割って12ヵ月分の給料と夏・冬賞与2ヵ月ずつお支払いすることにしています。業績がいいときも業績が悪いときも同じです。そして、この**年俸を地域の金融機関より少し高くすることを目標に経営をしています**。

　この年俸は社員が目一杯働いていただく前提で決定した年俸なので、ＳＭＣグループの業績がどんなによくても、反対にどんなに悪くても、一旦決めた給料や賞与を増加したり減額したりすることはありません。聞こえが悪いかもしれませんが、会社の業績が社員で決まることとは全く関係ないと思っています。

　中小企業の場合、会社の業績はすべて経営者の能力にかかっているのです。社員には自分の**年俸の3倍（限界利益＝年俸×3倍）は稼がないといけない**ことをいつも伝えています。そして、我々経営者は社員が年俸の3倍稼げるように、環境を整えてあげることが最も大切です。

　社員のなかには給料・賞与にこだわる者もいます。

　しかし、給料の高さが働くモチベーションであれば、次々に給料を上げるように要求してきますし、他社で高い給料で雇う会社があれば、即座に転職してしまうでしょう。その社員がどんなに能力があっても、全く引き留める必要はありません。

――172――

3. 社員の評価方法はどうするの？

　私は本来、社員の能力にそれぞれ差があっても、みんなが頑張っているんだから、年功序列が最もいい給与体系だと思っています。

　しかし、なかには頑張らない社員がいたりするので、給与体系に成果給的な要素が20％程度あってもいいと思っています。

　私は人間の能力にはそんなに差がないと思っています。

　朝、人と会ったら挨拶をする、何かしていただいたらお礼を言う、お金を盗んではいけないなど、ほとんどの人間が同じなのです。

　たしかに、お金を稼ぐとか仕事の効率などの側面を取り出すと、差が大きいのかもしれません。その差だけを見ると、能力差があるように思いますが、人間全体で見るとほとんどが同じなのです。

　しかし、多くの経営者は客観的な評価方法が欲しいと思っています。世のなかに客観的な評価など決して存在しないのに、です。どんな評価方法でも、必ずどこかで人が人を評価し、主観的な要素が入ります。

　そこで中小企業の場合、私は社長自ら社員を評価すればいいと思います。評価制度などいらないのです。社長が自ら全社員のことを興味を持って毎日見ていれば、かなり説得力のある評価ができるものです。

　さらに、極論を言えば、社長の好き嫌いで給料を決めてもいいとさえ思っています。社員から「私の給料はなぜ低いんですか？」と聞かれたら「嫌いだから」と答えてみたいものです。

　中小企業の場合、主観的な評価方法になりますが、少しでも客観的な評価になるよう、**社長自ら評価制度を作り、社長自らよく社員を見て、社長自ら直接評価すべきです。**

—— 173 ——

第13章　経営者がコントロールできるか——社員給与分配率

４．社員の機嫌取りや節税で支払わない決算賞与

　会社の業績がいいときに決算賞与を支払う三流経営者がいます。業績がいいときに決算賞与を支払うのであれば、会社の業績が悪いとき、あるいは赤字になったときには社員にマイナス賞与、つまりお金を拠出してもらうことができるのでしょうか？

　そんなことはできるはずもないので、業績がいいからと言って、社員の機嫌取りのために決算賞与なんか支払わないことです。ましてや節税対策の名目で、決算賞与を支払うことはやめましょう。

　前述しましたが、**中小企業の業績がいいか悪いかは経営者の戦略がいいか悪いかで決まるだけで、社員には全く関係のないことです。**

　また一旦、決算賞与を支払って、いい業績が３年ぐらい続くと社員にとっては決算賞与をもらえることが当たり前となり、業績が悪くても決算賞与を支払わないと、逆に一気にモチベーションが下がってしまいます。

　モチベーションを下げないために、結局、業績がよくても悪くても決算賞与を支払うことになってしまいます。

　これも三流経営者のやることです。こんな社員の機嫌取りのような決算賞与は決して支払わないことです。

—— 174 ——

5. シルバーやパートを積極的に活用する

　最近の採用難は目を覆いたくなるものがあります。あまりにも売り手市場で、中小企業では優秀な人材どころか、優秀ではない若手の人材も採用できなくなってきました。

　そこで、中小企業はシルバーやパートの活用を積極的に行う必要が出てきました。

　まずシルバーですが、定年退職後に現役のときに培ってきた専門的な能力を発揮していただくために、少し時給が高くてもいいので働いてもらうことです。

　ＳＭＣグループでは税務署を退官したり、会計事務所を定年になったようなシルバーの方に時給3,000円で専門職として働いていただいています。

　一方、主婦のパートさんですが、結婚前は一流企業のＯＬとしてバリバリ働いていて、子育てが一段落したので仕事を探している方々がいらっしゃいます。この方々の働くための条件は2つです。

　①ＯＬの頃の経験が活かせないか？

　②家庭も豊かなので自由に働きたい、家庭最優先、あるいは趣味を優先させたいなどのニーズに応えられるか？

　これを見極める必要があります。

　シルバーの方やパートの方を採用すれば、大抵は正社員を採用するよりは安い人件費で済むことになります。しかも、時間当たりの生産性も高くなるものです。**中小企業はシルバーの方や主婦のパートさんを積極的に活用していきましょう。**

—— 175 ——

第 **14** 章

一人当たり限界利益
──労働生産性

第14章　一人当たり限界利益──労働生産性

１．損益計算書で最も重要な比率が　一人当たり限界利益

　一人当たり限界利益（労働生産性）とは社員一人当たりの稼ぎ高を言い、一人当たりの付加価値と言ってもいいかもしれません。一人当たり限界利益は社員の給料・賃金を支払う原資となり、会社が計上する利益の源泉にもなります。

　労働生産性は原則として、高ければ高いほどいいと言えます。だから、一人当たり限界利益が高いと社員の給料や賞与を高くすることもできますし、多くの利益を会社にもたらすこともできます。

　つまり、一人当たり限界利益が高いと社員も幸せになり、企業も業績がよくなります。

$$一人当たり限界利益　=　\frac{限界利益}{社員数}$$

　さて、一人当たり限界利益の適正な水準はいくらでしょうか。業種や各企業の特徴によっていろいろあると思いますが、私の経験では下記のようだと思っています。

700万円以下は悪い
700万円〜1,000万円は普通
1,000万円以上はいい

　損益計算書の分析比率にはいろいろありますが、この**一人当たり限**

──178──

界利益が高ければ高いほど、社員も会社も役員も幸せになれます。

　私は損益計算書上で最も重要な比率は一人当たり限界利益（労働生産性）だと思っています。この数値がよくなればなるほど、社員の給料を上げることもできますし、会社の利益も増えます。

　さらに、我々経営者の役員報酬を上げることもできるのです。一人当たり限界利益は、社員もハッピー、会社もハッピー、経営者もハッピーという本当に優れた数値なのです。

第14章　一人当たり限界利益──労働生産性

2. 労働生産性の計算の仕方

　それでは SMC 商事の変動損益計算書を使って、具体的に労働生産性を計算してみましょう。

$$
\text{労働生産性} \atop \text{（一人当たり限界利益）} = \frac{\text{限界利益１億2,000万円}}{\text{従業員数　20名}} = \text{600万円}
$$

　一人当たり限界利益は一人当たりの稼ぎなので、ＳＭＣ商事は社員平均の一人当たりの１年間の稼ぎが 600 万円なのです。

　一人当たり限界利益が 600 万円は高いのでしょうか、安いのでしょうか？

　答えは安いです。もっともっと高くならないと社員にも高い給料を支払えないし、会社に利益が残らないでしょう。

　たとえば、一人当たり限界利益が 600 万円で社員給与分配率が 50％としても社員の平均年収はたった 300 万円しかありません。この社員給与分配率が 40％とすると、何と平均年収が 240 万円になってしまいます。

　一人当たり限界利益の目標数値は、まず 700 万円を超えることです。そして、700 万円を超えたら次の目標は 1,000 万円です。そして、1,000 万円を超えたらさらに 1,200 万円を目指します。

　SMC グループは 2007 年には一人当たり限界利益は 700 万円でした。それが 2013 年には 1,000 万円を超えることができました。どのように超えたかというと、いろいろな方法を駆使し達成しました。そ

── 180 ──

の一部をご紹介します。

①ＩＴの活用

ＩＴの活用でペーパーレスや情報共有を可能にしました。

②移動時間の削減

移動による経費削減と社員の時間を浮かせることができました。移動は余分な交通費がかかるだけではなく移動時間は全く価値を生まない時間です。可能な限り、来社型のサービスを提供するようにしました。そして、過去からの慣習で毎月お会いしているお客様とのサービス内容の見直しをしました。移動もなく、お会いすることもなく、単にお互い書類のだけでやり取りできることも多くありました。

③サービスメニューの見直し

既存の税務会計のお客様に財務コンサルを別料金でしたり、経営支援業務を独自の商品として開発して拡販していきました。

④お客様ごとの収益性の見直し

業務の改善で効率化できないかを検討して、無理ならばお客様側の業務を改善あるいは追加していただくよう依頼し、無理ならば顧問料を値上げさせていただくという流れで改善を進めていきました。

⑤退職者を極力出さないこと

新入社員は、業務を覚えるのに時間がかかり、必ず大きなロスが出ます。そこで、社員の処遇の改善を行ったり、社員面談を行うなどして退職者を減らしていきました。

これらのいろいろな施策の効果が出て、一人当たり限界利益を大きく改善することができました。

第14章　一人当たり限界利益──労働生産性

３．労働生産性を上げるための具体的方策

　労働生産性を上げるためには、分母の社員数を減らすか、限界利益を増やすかしかありません。

　まずは社員数ですが、既存の業務のやり方を見直して本当に必要な業務なのか、もっと効率のいい業務のやり方はないのかなど、常に業務に対して改善の意識を持ち続けることができれば、必要な社員数は減少していくことでしょう。

　続いて、限界利益を増やすことです。限界利益を増やすためには、売上を増やすか、変動費を減らすかしかありません。

　さて、売上を増やすか、変動費（仕入）を減らすかの選択ですが、むやみやたらに両方にトライしても意味がありません。

　そこで、限界利益率が高いか低いかで企業の戦略が変わってくることを知っておかなければなりません。

$$
限界利益率　=　\frac{売上高 - 変動費}{売上高}　\times　100\%
$$

$$
=　\frac{限界利益}{売上高}　\times　100\%
$$

（1）限界利益の高い企業は売上高の増加に力を入れる

　限界利益率が高い企業とは、限界利益率がおおむね30％以上の企業を言います。

――182――

このように、限界利益率が高い企業は、原則として限界利益率が多少低下してもいいから、売上高を増加させる戦略を立てます。限界利益率の高い企業は、少しの売上高の増加で多くの限界利益額が増加するからです。

具体的に売上高をアップさせるための方法としては、売上単価のアップか売上数量の増加しかありません。

単価をアップさせるには、他社とは差別化された商品・製品・サービスを提供する必要があります。

一方、売上数量を増加させるためには、他社と差別化された商品・製品・サービスであるうえに、売上単価もある程度安くないと売上数量を増加させることはできないでしょう。

(2) 限界利益の低い企業は限界利益率をアップさせる

限界利益率が低い企業とは、限界利益率がおおむね20%以下の企業のことを言います。

このような企業は、原則として売上高の増加より限界利益率をアップさせる戦略を立てます。限界利益率の低い企業は多少売上高を増加させても、限界利益はそれほど増加しないからです。

限界利益率を増加させるには、売上単価を増加させるか変動費を減少させる必要があります。売上単価の増加は前述の通りですが、変動費の減少は仕入や外注単価の引き下げ、不良率の改善などを行います。

(3) 事例で検証してみる

上記内容について事例を使って見ていきましょう。

前述のSMC商事は限界利益率60%で限界利益率の高い企業です。

―― 183――

第14章 一人当たり限界利益——労働生産性

SMC商事が2億円の売上を10％増やしたとすると2,000万円の売上が増えます。そして、2,000万円の60％の限界利益1,200万円が増えます。

一方、限界利益率を60％からその10％を改善して66％にしたとすると、売上2億円に対して6％の限界利益が改善するので、同様に1,200万円の限界利益が改善します。

さて、ここでSMC商事は売上を10％伸ばしたほうがいいか、限界利益率をその10％伸ばしたほうがいいかを考えます。限界利益率がすでに60％もある高い数値なのに、さらに6％も伸ばすことは本当に難しいでしょう。

しかし、2億円の売上を10％だけ2,000万円増やすことはそんなに難しいことではありません。だから、SMC商事のように限界利益率の高い企業は売上高を伸ばしたほうが効果的なのです。

一方、限界利益率の低い企業も見てみましょう。A社は売上高20億円で限界利益率20％の商社です。売上高20億円で売上を10％増やしたとすると2億円の売上が増えます。そして、2億円の20％の限界利益4,000万円が増えます。

一方、限界利益率を20％からその10％改善して22％にしたとすると、売上20億円に対して2％の限界利益が改善するので同様に4,000万円の限界利益が改善します。

さて、ここでA社は売上を10％伸ばしたほうがいいか、限界利益率をその10％伸ばしたほうがいいかを考えます。売上がすでに20億円あるにもかかわらず、さらに2億円も増やすことはかなり困難でしょう。

しかし、20％の限界利益率をたった2％改善することは困難なことではありません。だから、A社のように限界利益率の低い企業は限界利益率を改善したほうが効果的なのです。

—— 184——

4. 目標社員給与分配率と目標平均年収で適正人員がわかる

　あなたの会社の適正人員を知っていますか？

　ほとんどの経営者は自社の適正人員を知らないでしょう。適正人員がわからないのに、どのような判断基準で人の採用をしていますか？

　人が辞めたら人を採用するという補充採用ですか？

　本当は一人社員が辞めても仕事のやり方を変えれば、採用しなくても済むことは多々あります。

　経営者として自社の適正人員がわからないのは、人の採用をしてよいかよくないかがわからないということです。もし現状が適正人員より社員数が2名多いことがわかっていたら、一人退職したとしても採用する必要はないはずです。

　私たちSMCグループでは適正人員がわかっていて、常に将来のために3～4名適正人員を超えているので、社員が辞めて採用をするという補充採用はすることは決してありません。

　さて、読者の皆さん、自分の会社の適正人員を知りたいですよね。

　それでは適正人員はどのように計算するのでしょうか？

　まず、2つの目標数値が必要です。それは**目標社員給与分配率と目標平均年収**です。

　SMC商事を事例として適正人員の計算をしてみます。現在の社員給与分配率が50％なので、社員給与分配率45％を目標とします。そして、平均年収が現在は300万円なので平均年収350万円を目標とします。

——185——

第14章　一人当たり限界利益──労働生産性

目標一人当たり限界利益を求めます。

　　目標平均年収 350 万円　÷　目標社員給与分配率 45％

　　　=　777 万 7,000 円

目標一人当たり限界利益は 777 万 7,000 円になります。

すると現在の限界利益が 1 億 2,000 万円なので

　　限界利益 1 億 2,000 万円　÷　777 万 7,000 円

　　　=　15.4 人

これが適正人員となります。

　現在の人員が 20 人なので 5 人弱多いことになります。

　ところが、適正人員が 15.4 人だからと言って、社員を減らすことは容易ではありません。そこで、20 人の社員のままで目標平均年収 350 万円と目標社員給与分配率 45％を実現するためにはどうしたらいいでしょうか？

　　目標一人当たり限界利益 777 万 7,000 円　×　20 人

　　　=　限界利益額 1 億 5,554 万円

　　限界利益額 1 億 5,554 万円　÷　限界利益率 60％

　　　=　目標売上高 2 億 5,923 万 3,000 円

　売上高を 2 億 5,923 万 3,000 円にすれば、社員を 20 人のままで目標平均年収 350 万円と目標社員給与分配率 45％を実現できるのです。

　いかがでしょうか？

　自社の適正人員も知らなくて経営ができていること自体が私には不思議で仕方がありません。自社の適正人員を知らないのになぜ、人の採用ができるのか不思議で仕方がありません。このような会社は恐らく偶然あるいは過去の遺産で経営ができているだけです。いずれ、消えていくことでしょう。

　以上の通り、**変動損益計算書を駆使して、売上高と人件費をコントロールしていきましょう。**

5．5年後にどんな会社にしたいのか
──経営計画書の必要性

　貸借対照表の分析比率である当座比率は、目標300％以上、自己資本比率70％以上、損益計算書の分析比率である損益分岐点分析でも目標利益の達成・目標キャッシュの達成、一人当たり限界利益1,000万円以上、社員給与分配率50％以下などの目標値の説明をしてきました。

　ここで、中小企業の経営者は自社の5年後をどんな会社にしたいか、上記の分析比率をいくつにしたいかの目標設定が必要です。そして、これらの目標値を実現するためのアクションプラン、数値計画を含めた経営計画書を作成します。

　経営計画書ではまず、経営理念・経営目標・経営方針を決めます。

　続いて、これらに基づいて、目標数値を決めます。中期経営計画であれば5年後の目標数値を決めます。単年度経営計画であれば1年後の目標数値を決めます。そして、この目標値を達成するための具体的な行動計画、すなわちアクションプランも作成します。

　私の考えている経営計画書の効用は下記の通りです。

①経営計画の作成過程で経営者として何をすべきかが明確になる

②経営者の考えを書面にすることによって初めて社員に伝わる

③経営計画書はその通りにいかないので役に立たないのではなく、その通りいかないからこそ役に立つもの

④経営計画書で目標を設定するとその方向へ向かいたくなる

⑤経営計画書があると定期的なチェックで問題点を把握できる

6. 経営計画書でPDCAサイクルを回せば会社はよくなる

　経営計画書を作成したら、経営計画書の数値計画に基づいてPDCAの経営サイクルを実施していきます。PDCAの経営サイクルは下記の通りです。

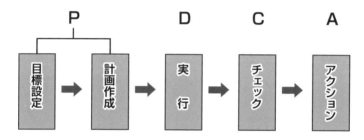

　P：経営計画書で目標を設定して数値計画を作成します。
　数値計画だけでは絵に描いた餅になってしまうので、具体的な行動計画、すなわちアクションプランも一緒に作成して、目標達成のイメージを具体化します。
　ここで重要なのは、いかにこの目標を高くするかです。目標の高さによってアクションプランも大きく変わりますし、具体的な実行方法も変わります。そして、最終的な成果も変わります。たとえば、高校野球で甲子園優勝を目指すチームと、県大会ベスト8を目指すチームでは、具体的なアクションプランも明日からの実行、すなわち練習方法も大きく違います。

　D：Pの計画のアクションプランに基づいて必死で実行をします。

ここで重要なのは、どんなに実行が苦しくても決して諦めないことです。

　C：少なくとも月に1回は計画値と実行結果の実績値の乖離状況を把握しなければなりません。

　ここで重要なのは、毎月タイムリーに必ずチェックすることです。しかし、経営者は忙しくてこれがなかなかできません。そこで、外部の力を借りることです。会計事務所やコンサルタントの外部の圧力で、必ずチェックしなければならない状況に自分を置くのです。

　A：実績値を計画値に近づけるための修正のアクションをします。

　ここで重要なのは修正のアクションの決定には可能な限り多くの選択肢の中から選ぶことです。しかし、経営者自ら考えていても限界がありますので、会計事務所やコンサルタントの力を借りて選択肢を増やしておいて、経営者自ら最善と思うアクションを選択します。

　そして、Dへ戻って実行します。しかし、あまりにも乖離が大きいために計画値に近づけることが不可能な場合には、Pを修正することになります。

　このようにPDCAの経営サイクルを毎月回しながら目標へと近づけていきます。

　さて、経営計画書は計画値と実績値がずれるからいいのです。上記のCで計画値と実績値が一致していれば、修正のアクションAは必要ありません。

　ところが、ずれるからこそ、新たなアクションをする必要が出てきます。新たなアクションをとればとるほど、会社はよくなっていきま

―― 189――

第14章　一人当たり限界利益──労働生産性

す。修正のアクションが多ければ多いほど、会社がよくなるのですから、どうすると修正のアクションを多くすることができるのでしょうか？

それは目標を高くして、大きなずれを生じさせることです。

だから、**目標が高ければ高いほど、会社はよくなるのです**。そして、**会社をよくするためには必ず経営計画書が必要となるのです**。

ぜひ、中小企業と言えども、必ず経営計画書を作成して、毎月チェックしてずれを把握するようにしましょう。

最後にカリスマ経営コンサルタントの故一倉定さんは著書の中で、

「経営計画書は社員の心に革命をもたらし、会社に奇跡をもたらす魔法の書である……経営計画書は社長をはじめ全社員を変えてしまう」

と言っています。

ぜひ、経営計画書を作成して、全社員に浸透させましょう。

第15章

キャッシュを増やして
100年企業になる
経営の特徴

第15章　キャッシュを増やして100年企業になる経営の特徴

1. 温故知新

100年企業では、伝統も大事にしながら、絶えず変化する環境に適応するために不断の革新・変革を続ける

　企業を長く継続するためには、「温故知新」が大切です。「温故知新」とは「古きをたずねて新しきを知る」という意味です。つまり、創業当時のことや自社の伝統・歴史をよく知り、そこから新しい知識・方法・技術や道理を得ることです。

　現代を生きていると、どうしても国際化・コンピュータ化・新技術など、新しいことばかりが企業経営で重要なことのように見えてしまいます。

　しかし、そんなときこそ、過去あるいは昔をよく知ることもとても大切なのです。企業で言えば、創業の精神とか社是・社訓・経営理念とか言うものです。

　100年企業では、この社是・社訓・経営理念がとても大切にされています。さらにこれが代々引き継がれているのです。

　ところで、世の中をよく見てみると、過去にも当然、革新や変革はあったはずです。

　つまり、革新や変革が今だけ起こっているのではなく、過去から現在に至るまでいつも起こり続けていることを忘れてはなりません。

　だからこそ、過去から現代に至るまで世の中は進化してきたのです。

　そんな時代の流れのなかで、企業にはそれぞれ独自の経営のやり方が脈々と息づいています。30年企業ならば30年企業の独自の経営

——192——

が、100年企業ならば100年企業の独自の経営が息づいているのです。これが企業を継続する伝統企業の最も大切な経営の根幹です。

この代々引き継がれていく伝統こそが「変えてはならないもの」です。温故知新、継承する経営の要素は文章化されて社是・社訓となり、経営理念に相当するものになります。

つまり、「変えてはならないもの」は社是・社訓・経営理念や伝統・風土といった目に見えない精神的なものです。

伝統企業ではこの「変えてはならないもの」がとても大切にされ、代々経営者に引き継がれていっているからこそ、長い間、企業継続が可能となるのです。

一方、「変えなくてはならないもの」とは、技術・技能・環境に適応するためのものなどの物理的なものです。これらを変えていかなければ、時代に取り残されてしまい、いずれは企業が消滅してしまうことになります。

さて、「変えてはならないもの」と「変えなくてはならないもの」の区別がとても大事です。

倒産する企業は「変えてはならないもの」を変えてしまい、「変えなくてはならないもの」を変えなくて、環境変化についていけなかった企業と言えます。

一方、100年企業になる企業は「変えてはならないもの」を変えずに伝統を守り、「変えなくてはならないもの」を変えて、環境の変化に適応していった企業です。

第15章　キャッシュを増やして100年企業になる経営の特徴

２．社是・社訓・経営理念がある

100年企業では、社是・社訓・経営理念が社内の隅々まで行き渡っている

　さて、企業は「何のために」存在しているのでしょうか？

　企業の存在意義が「経営理念」です。

　経営理念は、企業の使命あるいは存在価値であると同時に経営者と社員が価値観を共有するために最も大事なものでもあります。

　やはり、「何のために」は企業の存在価値であり、社会的使命なので、しっかり考えておきたいところです。万人が見たり聞いたりしても「うん、なるほど」あるいは「さすが」と思うような社会性や人間性が感じられるものでなければなりません。

　まあ、こう書くと身構えるかもしれませんが、企業の存在価値を考えていき、まずは自分なりに経営理念をまとめてみましょう。

　創業100年を超えるような伝統企業には、やはり、この経営理念や社是・社訓が必ず存在しています。しかも、それが社内の隅々まで浸透しているのです。

　そして、さらにその「社是・社訓・経営理念」が企業での意思決定の基準となっています。経営者のみならず、幹部社員、一般社員の意思決定基準にもなっているのです。

　これが大事なのです。逆にこれができているからこそ、100年も続くのでしょう。

――194――

中小企業のなかには社是・社訓や経営理念がない企業があります。よく、「うちは中小企業だから経営理念なんかいらないよ。経営理念は大企業に必要なんだよ」と言う三流経営者がいます。

　しかし、その三流経営者の指示も、経営理念が見えないと、従業員が戸惑います。

　「何のために働いているのだろう」と、三流経営者に対し、不信感を覚える恐れがあります。

　そう、逆に中小企業だからこそ、経営理念が必要なのです。

　経営理念を作るのが面倒に思えるかもしれませんが、中小企業は組織の規模がまだ小さいので、経営理念を作ると即、効果が出てきやすいのです。

　中小企業では社員数も少ないので、経営理念を社内に浸透させることも容易にできます。

　しかし、企業がある程度の規模になってからでは、この経営理念を社内に浸透させることは容易ではありません。経営者の思う通りには進まなくなり、挫折しかねません。

第15章　キャッシュを増やして100年企業になる経営の特徴

3. 質素倹約

100年企業では、ほとんど無駄遣いをせず、「ケチ」と思うほどお金の支出には厳しい

　企業を継続していくためにはキャッシュが必要です。しかも、利益で資金調達したキャッシュが一番健全です。そこで、企業を継続していくためには毎期毎期利益を計上していく必要があります。利益は次の算式で得られます。

$$利益 \uparrow = 収益 \uparrow - 費用 \downarrow$$

　利益を多くするためには算式通り、収益を多くするか、費用を少なくするかです。

　中小企業では、収益は売上が中心ですが、売上を増加させようとしても相手があることなので、そう簡単にはいきません。

　一方、費用は相手に関係なく自分の意思だけで支出できるので、収益に比べてコントロールしやすいものです。よく見てみると、中小企業は意外に経費の無駄遣いをしているものです。通常中小企業では経営者が無駄遣いの中心人物になっています。中小企業は質素倹約のローコスト経営をする必要があります。

　さて、伝統ある100年企業ではほとんど無駄遣いをしません。端から見ていると「ケチ」と思うくらいお金の支出には厳しいものです。

　私の経験では、100年以上続いている伝統ある企業の経営者で高

――196――

級外車に乗っている人を知りません。普通の乗用車に乗っています。100年企業の経営者は無駄な経費を使わないということもありますが、総じて物を大切にするから結果として経費が少なくなるというような気がします。

ところで、中小企業の経営者で高級外車に乗っている人を見受けます。利益が出ていて税金を支払うぐらいなら、高級外車に乗って贅沢してしまおうという三流経営者は少なくありません。さらに最悪の三流経営者になると借金やローンをしてまで、あるいはリースで高級外車に乗っている者がいます。これでは経営者失格でしょう。

さて、高級外車に乗ると会社の売上はいくら増えるのでしょうか？高級外車に乗ると利益がいくら増えるのでしょうか？

利益が増えるどころか高級外車に乗ると売上は1円も増えずに経費だけが増えて利益が減るばかりです。社員は恐らく「俺たちが汗水たらして稼いだ金で能無し経営者のくせに自分だけいい車に乗りやがって」と思っていることでしょう。

私も30代の頃はベンツ・BMW・ボルボ・アウディなどの高級外車に乗っていた時期もありましたが、上記のようなことに気づいたので今では国産の中古車に乗っています。

中古車に乗る理由は次の2冊の本がきっかけとなっています。経営においてとても大事なことなのでご紹介させていただきます。

「機械や設備は、もし中古で間に合うのなら、それで我慢せよと言ってきた。性能が優れた機械があっても安易に買うことは許さず、現在ある機械をいかに使いこなすかを徹底的に考え、創意工夫をこらすように教育してきた」

※『稲盛和夫の実学—経営と会計』稲盛和夫　日経ビジネス人文庫　P81より

第15章　キャッシュを増やして100年企業になる経営の特徴

　「金持ちになっていく人間は新車を買わない、新車はお金のIQ
の低い浪費家に買ってもらい、一番価値の下がるところだけを
払ってもらう。そうやって、いちばん費用対効果が高い３年ぐ
らいの中古を買う」
　　※『ユダヤ人大富豪の教え』本田健　大和書房　P135 より

　素晴らしい言葉であり名言です。この２冊の本のおかげで、私は目
が覚めました。私は二度と再び高級外車や新車に乗ることはないで
しょう。
　また、私は車を会社のお金でなく個人のお金で購入して、個人の車
として乗っています。私は経営者だけがなぜ、会社のお金で買った社
用車に乗っていいのかに疑問を持っています。

　高級外車に乗りたい、新車に乗りたいというのは経営者個人の欲望
にすぎません。ただ、乗りたいだけなのです。
　ここで重要なのは、企業経営において「欲しいもの」に支出をして
いてはいけないということです。お金は「欲しいもの」ではなく「必
要なもの」に支出しなければなりません。必要かどうかの判断基準は
難しいのですが、三流経営者であればあるほど難しくなります。
　そこで、「欲しいものか」「必要なものか」の判断に迷ったときには
支出することを一度諦めてみることです。
　そして、諦めたときに、何らかの不都合が起これば、それは「欲し
いもの」ではなく「必要なもの」なので支出してもいいのです。
　さらにもう一つ、小銭を使う人は経営者として失格です。小銭を使
う人は小さなお金だからと言ってコンビニで飴やチョコや缶コーヒー
を毎日買います。また、自販機でペットボトルのお茶や炭酸水を買い
ます。

これらの人も「必要なもの」にお金を使うのではなく、「欲しいもの」に大切なお金を使っているのです。

　これらの小銭が積もり積もって、最も大事なときに自社が資金繰りに困っていても経営者個人の蓄えがなく、自社に資金供給ができなくて倒産に追い込まれてしまいます。

　お金の使い方で人格がわかると言っても、過言ではありません。人格の低い人は、自分のために自分の欲望を満たすために、お金を使います。

　一方、人格の高い人は当然自分のために、しかしそれは欲望ではなく必要性のために使います。

　さらに人格の高い人は、世のため人のためにもお金を使います。世のため人のために使うお金は決して多額でなくてもいいのです。コンビニで釣り銭を募金するとか災害見舞金を出すなどでもいいのです。少しでもいいので、普段から自分以外の人のために自分の大切なお金を使う訓練をしておきましょう。

　伝統企業の経営者は、お金を「必要なもの」に、そして「会社のため」に、さらに「社会のため」に使っています。中小企業の経営者も質素倹約に徹し、お金は「欲しいもの」ではなく「必要なもの」に使うようにしましょう。

4. 信用がある

約束を守る、特に最も重要な約束事「お金の支払い」と「ウソをつかない」こと

　私はビジネスの基本は約束を守ることだと思っています。約束の中で最も簡単で重要なものが「時間を守る」ことです。時間は万人に共通で公平に与えられています。

　しかし、人によって、この時間の感覚が大きく違います。約束の時間にいつも遅れる人、約束の時間の5分前にはかならず到着する人、これはいつも同じなのです。遅れる人はいつも遅れる、時間を守る人はいつも守ります。

　だから、いつも遅れる人は遅れてもあいつはいつも通りだねと思われるのに対して、いつも遅れない人が遅れるとあいつに何かあったのではと心配されます。これが信用なのです。

　私は時間にルーズな人とは、ビジネスをしないようにしています。時間すら守れない人に大事な約束が守れるとは思えないのです。時間も守れないような人と一緒にビジネスをすると、自分の信用さえも落とすことになりかねません。

　また、一旦約束したアポイントを度々変更する人がいます。いつも、「仕事が入ってしまったので日程を変更してほしい」とアポイントの変更依頼があります。そんなとき、直接言うこともありますが、いつも私はこう思っています。

　「勝手に仕事が入るわけがないだろう。自分が入れたんだろう。次

のように言いなさい。あなたより儲かりそうな、あるいは面白そうな仕事があったのでそちらを優先します。日程を変更してください、と」

　これが本音ですね。時間にルーズ、アポイントを度々変更する経営者の共通点は「損得苦楽経営」の実直な実践者なのです。付き合う必要のない三流経営者です。

　続いて、ビジネスの中で最も大事な約束が「金銭の支払い」です。

　経営者は金銭に厳格でなければなりません。支払いは必死で稼いだお金から出すものなので気分のいいものではないかもしれません。だからこそ、その支払いのときにその企業の姿勢や経営者の考え方が出てしまうのです。

　伝統ある100年企業で支払いを渋ったりしている企業はほとんどありません。もしあるとしたら、早晩なくなっていく老舗企業でしょう。

　ところでよく考えてみれば、中小企業の支払先は仕入先か社員なので、もし、この支払いがなければ中小企業は成り立っていきません。「利は元にあり」の格言通りです。

　しかし、三流経営者は仕入先に対して、買ってやっているんだからこちらの言うことを聞けとばかりに振込手数料を差し引いて支払う、月末が休日であれば翌日支払うなど、ビジネスのルールを無視したような横暴なふるまいをします。

　そんな三流経営者の会社は調子のいいときには周りの企業もなびきますが、一旦調子が悪くなると相手にされなくなります。決して、自分の持っている権利を常に最大限まで使わないことです。

　たとえば、月末期限の支払いであればもっと早く支払うことです。私ども、SMCグループの支払条件は月末締め切りの翌月末支払いですが、基本的に請求書が来たら翌日には支払うようにしています。こ

第15章　キャッシュを増やして100年企業になる経営の特徴

の期日を早めて現金支払いしていることが信用となっていくのです。何かがあったときにも最優先に対応してもらえるようになります。

　そして、「ウソをつかないこと」です。安易にウソをついてしまうと、その後に辻褄が合わなくなってしまいます。

　たとえば、遊びに行きたいがためにウソをつき、アポイントを変更したところ、別の機会に遊びの話をしているうちにウソをついたことがばれてしまうようなことも多々あります。ウソは必ずばれると思ったほうがいいです。ウソはつかないことです。

　そして、このウソが高じて企業不祥事へとつながっていくのです。ウソに慣れてしまうといずれは三菱自動車のリコール隠し、レオパレスの建築基準法違反などの不祥事へと発展します。

　これらの不祥事やコンプライアンス違反は率直に言って「ウソつき」です。やはり、企業がウソをつくことは致命傷になります。このウソつきの原因をよく考えてみると、企業経営者が本来、意思決定に際して「善・悪」で判断すべきところを誤って、「損・得」で判断したために起こった不祥事と言えます。

　やはり、100年企業を作るためには「損・得」ではなく「善・悪」を判断基準にし、コンプライアンスを守ることはとても大事なことです。

　伝統ある100年企業になるためには常に「損・得」ではなく、「善・悪」で意思決定することによって企業の信用が作られていくものです。

——202——

5. キャッシュフロー経営

100年企業では、資金をとても大切にしている。当座比率・自己資本比率でキャッシュの管理をする

　企業が倒産するのは不況でもなく、赤字でもなく、取引先による連鎖倒産でもありません。最終的にはキャッシュがなくなって企業が倒産します。

　伝統ある100年企業ではこのキャッシュをとても大切にしています。

　そして、キャッシュを増やす、あるいはキャッシュを減らさないために、

①受取手形のサイトが長くなっていないかどうか
②売掛金の回収サイトが約定通りなのか
③売掛金のなかに滞留しているものがないかどうか
④在庫が増えていないかどうか
⑤在庫のなかに不良在庫がないかどうか
⑥無駄な設備投資をしていないかどうか
⑦使っていない遊休の資産がないかどうか
⑧自社の実力以上の借金を返済していないかどうか

　などのキャッシュが流出し、キャッシュフローが悪くなることのチェックを常に怠ってはなりません。

第15章 キャッシュを増やして100年企業になる経営の特徴

　伝統ある100年企業では、これらの資金が滞留することがないように自社をチェックする仕組みを持っています。

　たとえば、現金でしか取引しないとか、注文が入ってからしか製品を作らないとか、設備は毎日清掃し長く大事に使うとかなどの仕組みが確立されています。

　また、チェックも厳しく行いキャッシュが滞留することがないようにしています。しかも、伝統ある100年企業ではキャッシュに関して特に厳しいものです。やはり、100年の間にキャッシュによるさまざまな困難にぶつかりクリアーしてきたからこそ、100年企業になっているのです。100年企業では伝統の力で何が最も大事かがわかっているのです。企業で最も大事なのはキャッシュなのです。

6. 経営者の役割が明確

100年企業では、経営者が経営目標を明らかにして、社員の働きやすい環境づくりを怠らない

　社是・社訓や経営理念で企業の存在意義、あるいは社会的な使命がわかります。そして企業の進むべき方向が経営目標なのです。100年企業ではこの進むべき方向が明確になっています。明確になっているからこそ、時代が変化したとしても、その変化の荒波に負けず、代々企業を継続することができたのです。

　企業の業務を、

　①経営目標を明らかにしてその方向へ会社を向かわせること
　②日常業務
　③社員の働きやすい環境づくり

　この3つに分けたとすると経営者の役割は、①経営目標を明らかにしてその方向へ会社を向かわせること、③社員の働きやすい環境づくりの2つです。

　②の日常業務は社員を信頼して社員に任せることです。

　しかし、中小企業では②の業務もある程度は経営者も自ら行う必要が生じることもあります。

　ここで大事なのは、②の日常業務がどんなに忙しくても、①経営目標を明らかにしてその方向へ会社を向かわせること、③社員の働きや

すい環境づくりの２つも怠らないことです。

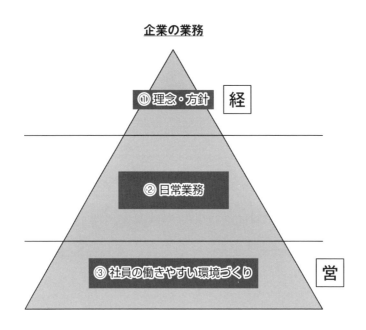

　三流経営者は、②ばかり一生懸命やっていて、①③をバカにしてやらないものです。これらの三流経営者は日常業務しかやる能力がないので、現場作業や営業ばかり一生懸命やって、これが経営者の仕事だという大きな勘違いをしているかもしれません。
　これでは企業の進むべき方向性を示すことができません。この変化の激しい企業環境では、企業の進むべき道を示せない企業は、迷走して早晩消えていくことになるでしょう。
　たしかに、高度成長期やバブル期の中小企業は②の日常業務を一生懸命やっていて、進むべき方向を示さなくても、儲かっている企業の真似をしていれば生き残ることができていました。

しかし、今は時代が違います。日本の人口が減少し、海外から安くていいものがどんどん輸入されてきています。人の採用も困難を極めています。

こんな厳しい環境だからこそ、経営者が①と③の業務を行って、会社の進むべき方向を明確にして、かつ、社員の働きやすい環境を提供することを進めていかなければなりません。そうすることで、優秀な社員が採用でき、社員を教育・育成でき、その結果、経営者・社員が一丸となって経営目標に向かって成長発展できるのです。

昨今の安倍政権の「働き方改革」に対応するためにも、③の業務として取り組んでいく必要があります。

「サービス残業をさせない」「週残業時間40時間以下」「年間休日は110日以上にする」「有給休暇は自由に取れるようにする」「可能な限り社員の望む仕事をさせる」などの取り組みをSMCグループでも行っています。

経営者が①の業務を怠れば、企業の進むべき方向が定まらず、企業は迷走してしまいます。また、③の業務を怠れば、社員は劣悪な環境で働き、社員のモチベーションが上がらず一向に生産性が向上しないか、最悪の場合はせっかく育てた優秀な社員が退職することになってしまいます。

中小企業の経営者も経営者の役割をよく理解し、経営目標を明確にして、その方向へ会社を向かわせることと社員の働きやすい環境づくりを行いましょう。

第15章　キャッシュを増やして100年企業になる経営の特徴

7. 社員を成長させる教育システム

100年企業では新入社員を自前で一から育てて、自社の社風に染めていく

「企業は人なり」という通り、中小企業にとって人材はとても大事な存在です。中小企業にはなかなか優秀な人材は応募してこないものです。

それ以前に普通の人材すらなかなか採用できないのです。

中小企業が普通の社員を採用できないのには2つの理由があります。

1つ目は、経営理念や経営目標が明確でないため、社員として、その会社がどこへ向かってどのようなことをしていくのか全くわからないのです。つまり、その中小企業の将来像が見えないのです。そして、そのような会社に入社して自分が幸せになれるかどうかもわかりません。

2つ目は、中小企業には社員を成長させるための社員の教育訓練や教育研修をするシステムがないので入社しても自分が成長するとは思えないのです。

普通の人材を採用したいのであれば、下記の2つ、

①経営理念や経営目標を明確にして会社の進むべき方向を明確にすること

②社員を成長させる教育研修システムを作ること

この2点をクリアーしなければなりません。

――208――

さて、一旦普通の人材を採用することができたならば、次は教育して成長させる必要があります。教育には、企業の専門的能力を高めるための教育と、社員の人間力を高めるための教育、このいずれも欠かせません。

しかし、ほとんどの企業が専門的能力の向上の研修ばかりをしています。社員の人間力、すなわち「約束を守る」「ウソをつかない」「他人を思いやる」「他人に迷惑をかけない」「感謝の気持ちを持つ」「素直になる」などの教育にも力を入れる必要があります。

さて、日本電産の永守重信会長は中小企業では「歩」の社員を採用して教育で「と金」に変えることが必要だとおっしゃっています。「歩」を教育で成長させて「金」にするのです。この「歩」を「金」に変える教育研修システムが必要となります。

社員を成長させるシステムには社内研修、外部研修、OJT などいろいろあります。私は企業がどんな研修を用意したとしても、それだけで社員が成長することはないと思っています。研修や OJT もすべて社員が自発的に勉強する単なるキッカケ作りにすぎません。すべて、研修や OJT がキッカケとなって、自分で自発的に勉強をするような風土づくりが必要なのです。

私は社員が成長して実力を身につけるためには、下記の2つが必要だと思っています。

$$実力（能力） ＝ 知識 ＋ 経験$$

経験は業務上の OJT などで実践することができますが、知識に関しては研修だけで身につけることは不可能です。自主的に社員自ら知識を身につけるための勉強をしなければ無理です。中小企業は社員が自ら自発的に勉強する風土づくりをしていきましょう。

第15章　キャッシュを増やして100年企業になる経営の特徴

8. しつけ・マナー教育

100年企業では、家庭や学校教育に任せず、しつけやマナーまで教育するシステムができている

　教育というと「学校教育」と「家庭教育」の２つが思い浮かびます。「学校教育」は知識の教育の役割があり、「家庭教育」は道徳やしつけの教育の役割があります。

　このしつけやマナーを身につけさせる「家庭教育」が最近ではなくなってしまっています。箸の持ち方、美しい食事の仕方などを教えることができない親が増えています。挨拶もしない親がいるそうです。

　そこで、しつけやマナーも企業でやる必要が出てきました。企業が親に代わって道徳やしつけの教育をしなければならないのです。企業のある社員のマナーが悪いとすべての社員、すなわち企業自体のマナーが悪いと思われてしまいます。社員が一歩外に出ればその社員が会社を代表しているのです。個々の社員のマナー・しつけ教育は徹底的にやる必要があります。

　ビジネスシーンで最初に出会ったとき、その人物を何で評価しますか？

　やはり、身だしなみ・マナー・挨拶・時間を守ったかなどの外見的なことでしか、評価のしようがありません。だからこそ、身だしなみ・マナー・挨拶・時間厳守などはとても大事なのです。

　これらのしつけ・マナーなどを「家庭教育」に期待しても期待外れに終わります。そこで、しつけ・マナーなどは「企業教育」で行う必

——210——

要があります。社員のしつけ・マナー教育のできない企業は、この厳しい経営環境の中からはじき出されてしまうことでしょう。

　さて、どんなしつけ・マナー教育をしたらいいのでしょうか？

　特別なことをする必要はありません。当たり前のことを当たり前にできるようにすればいいのです。挨拶をキチンとする、「ハイ」の返事を元気よく言う、時間を守る、姿勢をよくする、整理整頓をする、後片付けをキチンとするなどなど、当たり前のことができていないのであれば、それを教育すればいいのです。

　しつけ・マナーの教育をすると、そのときはキチンとできるようになります。しかし、2日、3日と経過するとだんだん崩れてきます。これはしつけやマナーが習慣化されていないからです。習慣化するためには、大きな声で毎日唱和することと、しつけ・マナーができていない人には、皆が細部に注意する必要があります。そのできない社員の親になったような気分で毎日毎日注意してあげることです。

　以上の8つの特徴を持った企業が100年企業になれるのです。

　ぜひ、この8つの特徴を持つ企業になっていきましょう。

＜対 談＞

倒産しない会社に、もっともっと、なっていただくために

弁護士
白木 智巳

公認会計士
曽根 康正

＜対　談＞　倒産しない会社に、もっともっと、なっていただくために

（司会）お二人とも、中小企業を倒産、破産させないという思いのも
と、そして理念や目的、目標や計画の重要性を語られています。

　曽根先生は100年企業になる経営の特徴について、白木先生は破
産会社の特徴とともに経営者自身の大きな課題について、さまざまな
視点を提示されています。

　また、専門家として、決算書の読み方、経営分析比率などの改善方
法、さらには労働問題に至るまで、具体的にわかりやすく解説いただ
いています。

　さて、それでは改めて、本書をお書きになろうと思ったのは、なぜ
ですか。

曽根：創業して10年残る会社が7％。なぜ93％の会社がなくなって
　　　しまうのかを考えてみると、経営の知識がない経営者が多いこと
　　　が一つの原因だと思います。どのようにして企業を継続させてい
　　　くのか、世の中の経営者が全くわかっていないから、93％の会
　　　社が消えていきます。

　　　　今回、白木先生と知り合い、「弁護士」「公認会計士」という立
　　　場で、どうすれば潰れない会社を1社でも増やすことができる
　　　のか、それぞれの専門家の視点で本を書こうと思いました。

白木：中小企業に関わる士業は本当にさまざまです。弁護士の専門業
　　　務だけでは中小企業の経営を支えることはできないし、また税理
　　　士の専門業務だけでも足りない。各士業の専門分野のその隙間か
　　　らこぼれ落ちる人がたくさんいると感じていました。

　　　　もっと弁護士も、税理士も、社労士も、専門分野だけではなく、
　　　中小企業の経営について、いかに自分のクライアントの役に立て
　　　るのかという視点を持つこと。そうすると、連携が必要であるこ

とも感じるし、仕事の幅が広がるし、自分の仕事にもっとやりがいも持てると思います。

　そうした意味で、この本は経営者だけでなく、士業の先生にも向けて書いています。

（司会）中小企業経営者が決算書を読むことの重要性について改めて教えてください。

曽根：たとえば人間だったら、健康診断をすることによって、どこが悪いかが明確になります。健康診断を受けない人は、自分のどこが悪いかわかりません。

　会社の健康状態を何で知るかといったら、決算書の数字ですよね。それなのにその決算書を読んで、理解して、自分の健康状態を自ら知ろうともしない。

　そして、さらに最悪なのが、会計事務所がそれを中小企業に知らそうともしない。

　それどころか、会計事務所が決算書の作り方すらわかっていないこともあります。

　本当に一番の問題点は、経営者が決算書や試算表を読まずに会計事務所任せにしているところです。決算書の意味がわからず、経営についてまともなアドバイスすらできない連中に任せちゃダメだと思います。

白木：経営者のみなさんは、会社の経営について常に悩んで、不安を持っています。なんとなくどこが悪いかはわかっていますが、その原因がハッキリわからないのは、決算書を読めないからだと思います。

私も決算書を拝見してアドバイスをさせてもらう機会が多いですが、経営者が自分で経営している会社なのに、経営者自身が会社の現状を把握できておらず、パッと決算書を見た私のほうがその会社の現状をより理解できるというのは、やっぱりおかしいことだと思います。

　社員が20人、30人いる会社であれば、そこには家族もいます。

　ご自身やその家族、社員やその家族の人生がかかっているのに、なぜ決算書程度の簡単なことを勉強しようとしないのかが不思議で仕方がないです。

　なぜ、決算書を読もうとしないのかが私にはわかりません。そんなに決算書を読むことは難しいものではないと思うのですが。

　まず、読んでみて、必死で勉強して理解することで、ある程度の会社のことは判断できるし、それをきっかけに解決できると思います。

曽根：目の前の、生きるか死ぬかは、当座比率や自己資本比率を見れば、健康かどうかわかります。それぐらいは経営者も当たり前のようにわかっていないと経営者とは言えません。

　それどころか、当座比率や自己資本比率を理解していないし、お客さんに説明できない税理士も非常に多いのです。

　税理士が、単なる記帳代行屋や税金の計算屋になっているのに、それに何にも疑問を感じてないことが、中小企業の経営を悪くしていると思います。

白木：そうですね。自分の会社の当座比率も自己資本比率もわからない会社が、当座比率が悪い会社と付き合って、売掛金が入金されないと言って泣きついてきても、それは回収できないとしか言え

ませんよ。

　経営者はもちろんですが、弁護士も税理士も、当座比率や自己資本比率の意味ぐらいは理解して、お客さんが貸し倒れに遭うリスクをなくすアドバイスぐらいできないと、お客さんは守れないと思います。

（司会）節税対策を全面的にアピールポイントとしている会計事務所が多いですが、それについてはどうですか？

曽根：「節税しますよ」という会計事務所には絶対に頼んではいけません。節税の結果、キャッシュが減って、会社の体力が下がり、不健康な状態となります。節税を続けると会社の不健康な状態が続いて、病気になって、早死にします。

　まず会社にとって、税金ってどんな存在なのかを絶対に考えないといけないと思います。

　税金というのは、企業活動をしていくうえで払わないといけないものであり、「経営」に焦点をあてれば、税金計算の重要性ってほとんどないでしょう。

　利益が出れば支払わないといけないもので、それを払いたくない人たちが節税をしたいと言います。「税金を支払いたくない」イコール「儲けたくない」ということになる、それがわかっていないのです。

白木：破産する会社には、必ず節税をアドバイスする会計事務所がついています。本の中でも書きましたが、本来、中小企業の経営を支える立場にある専門家が、節税で会社を悪くしているのです。

　もし、当座比率や自己資本比率を会計事務所が理解していたら、

——217——

当座比率や自己資本比率を悪くするような、節税の提案は絶対しないと思います。

決算書を理解できない会計事務所が、差別化を図って集客する方法として節税を掲げているんだと思います。

結局は、事務所の利益しか考えず、中小企業のことなんてどうでもいいと思っているとしか思えません。

曽根：「節税なんかしちゃいけない」とは、三流税理士と三流経営者に言っているだけであって、普通の人には関係ありません。節税をやめろなんて言わなくても、普通に経営をして利益を出している経営者は節税をしません。

会社をよくしたいと思ったとき、当座比率を高くする、自己資本比率を高くするということに集中していけば、節税なんていう考えは出てこないわけです。

一番伝えたいことは、「キャッシュを多くして、当座比率を高める」「利益を多くして、自己資本比率を高める」ということに尽きます。そうするためには、節税という行為が邪魔で仕方ないわけです。

（司会）話は変わりますが、白木先生は弁護士なのに、なぜ税理士登録をなさったのでしょうか？

白木：本書にも書きましたが、弁護士になったときには、破産事件専門弁護士でした。事務所の事件の多くが破産事件だったからです。

破産した経緯を社長に聞きますが、社長の回答はほとんど的外れで、全く自分の会社のことがわかっていません。

社長の考える破産の原因と、私が決算書を見て判断した破産の

原因は、必ずと言っていいほど、ずれているんです。そもそも破産するのはお金がないからです。

それは節税しているからにほかならず、キャッシュがどんどん減っていっていて、この減り方でいくと2年後には会社がなくなるとか、倒産するということにすぐ気づきそうな状態なんです。

それなのに、経営者はそれがわからない。税理士もわかっていないので、経営者に対してアドバイスもできない。

会社があまりにもつまらない理由で倒産閉鎖していく姿を、破産弁護士という仕事を通じて知りました。

私なら、自分のお客さんの倒産は防ぐことはできると思ったので、税理士登録しました。

曽根：本にも書いていますが、キャッシュの減る金額を見れば、何年会社が持ちこたえるかがわかります。銀行がお金を貸すからわからないだけで、貸さなかったときにいつ倒産するか、必ずわかるのに経営者は計算しないし、会計事務所も教えてくれません。

いや会計事務所は教えないのではなく、わからないのです。

白木：破産しそうな会社の経営者は、自殺を考えるほど苦しむんです。家族もバラバラになってしまいます。ですが、倒産する原因を事前に突き止めたり、倒産することを事前に防止することはめちゃめちゃ簡単なんです。

もちろんビジネスモデルが成り立っていないようなケースもあり、どうしても潰れる会社は仕方ないと思いますが、基本的なこともわからずに、むざむざ潰れていくのはあまりにももったいない。

＜対　談＞　倒産しない会社に、もっともっと、なっていただくために

曽根：会社が潰れる原因は除去できます。

　　　あるいは潰れる前に廃業する、といった選択肢もあったはずだと思います。

　　　キャッシュを20億ぐらい持っていたのに、全部なくしてしまう2代目もいます。

　　　そんなとき、税理士が「絶対にやめろ」と言わないといけないのに、顧問料が欲しいからずっと引っ張る。まだ、大丈夫ですと。

　　　私は友達の経営者に対して、「すぐにやめたほうがいいぞ」と言いましたが、「顧問税理士がやれるって言ってます」と言う。結局は、数年後に倒産しました。

　　　そんな経営者も会計事務所も世の中には一杯いるんです。どの会計事務所を選ぶかはとても大事な選択だと思います。

（司会）お二人の話を聞いていますと、決算書を読んで、ご自分の会社の今の健康状態を知ることで、改善していけると思えてきますね。

曽根：でも今、会計事務所も企業も、決算書なんて自由にいじれると思っている節があります。

　　　自分の一番健康なバロメーターを見ないといけないのに、「あしてくれ、こうしてくれ」と言われて、ホイホイ粉飾決算する税理士がいます。それでは、本当の健康状態はますますわからなくなります。

　　　本当は赤字なのに、「粉飾してくれ、利益を出してくれ」と決算書を操作すると、本当に利益が出た気になるのです。

　　　決算書が持つ本当に大事なところを、会計事務所も経営者もなめています。

白木：決算書を読んで自分の会社の現状を知ろうとしないのは、必要性を感じていないからだと思います。そもそも理念や目的もなければ、計画も、決算も見る必要がありませんから。理念や目的がないか、あいまいであることがその原因だと思います。

曽根：自分の会社の鏡だよ、決算書は。

（司会）決算書の重要性の他にも、本の中でお二人とも経営理念や企業の目的の重要性を強調されています。理念や目的を、経営者や社員に浸透させるにはどうしたらいいのでしょうか。

曽根：まず、浸透させる前に本当に経営理念・経営目的があるか、ですね。ある会社が半分もありません。あったとしても、飾ってあるだけ。経営理念とか経営目的は何のためにあるのかというと、会社がここに存在している「意義」を示すため。

　それがなければ存在しなくてよい、生きている価値がない会社と思えます。

　何のために自分の会社が存続しているのか、どこに向かっているのか。

　もしそれがないのであれば、会社の経営なんてやめたほうがいい。そんな会社は何のために経営をやっているのかというと、食うためだけ、自分が稼ぐためだけにやっているわけで、間違いなく生き残っていけません。

　社会的な存在意義もあり、どこに行くかという行き先も明確になっていたとして、次にどうやって浸透させるかというと……。「経営者が自ら、経営理念や経営目的に基づいて判断し、行動しているかどうか」

<対　談>　倒産しない会社に、もっともっと、なっていただくために

　これは、社員もお客様もよく見ている。特に社員。

　「社員の物心両面の幸福に貢献する」と言いながら、社長が会社のお金で高級外車に乗っていいの？　社員はどう思うだろう？

　次に、社員を叱るときには、自分の感情や自分の価値観で叱らないこと。

　そう、経営理念や経営目的にあわせた叱り方をしていきましょう。

　私のグループでもしていますが、クレドのバリュー（行動指針）みたいなものがあると叱りやすい。

　大事なのは、意思決定する基準を、きちんと社員に示すこと。

　意思決定で迷うときは、自分の価値観ではなく理念や目的に照らし合わせて判断するようにします。

白木：ほとんど曽根先生がおっしゃった通り。経営者自らが、理念・目的という服を着て歩いている状態にならないと。理念・目的を確信していると思っている経営者ですら、気づかないうちに損得で判断しているもの。

　私も常にそれとの戦いです。ふと気を許すと、メリット・デメリットを考えて行動してしまいます。汚くズルイ自分がいることを、自分で自覚していないといけません。

曽根：いい経営者になる「はじめの一歩」は、自分が私利私欲の塊だと思うこと（笑）。

　自分のことはみんないいように考える、聖人君子みたいに人のために生きているとか言う人もいるけど、とんでもない！

　人間には二面性があるので。

　会社が調子のいいときは人のことを考えられるが、苦しくなる

とそれが難しくなります。

（司会）白木先生のお話のなかに、理念や目的に沿って正しく考え行動すれば、苦しみから解放される、ともありますね。

白木：苦しみからは解放されるんですけど、辛さはあります。辛さと苦しみは違うんです。

　　　つらいは「辛い」と書く、それに耐えると横線が１本増えて、「幸せ」になります。

　　　損得で判断すると、苦しみから逃げることはできません。苦しいと自分を正当化して逃げて楽をします。

　　　目的や理念に基づいて、頑張っていると「辛い」ですが、逃げずに自己否定して、挑戦していくこと。それを繰り返していくと成長を感じ、非常に楽しく、「幸せ」な人生になると思います。

（司会）私たちの好きな経営者さんもやはり、いろいろな土壇場、正念場を経験して成長なさっているのを見ています。

曽根：人間は正念場や困難が来ないと、幸せにならないようにできています。苦しみから逃れないのは成長していない証拠。まだ突破できていないということ。

　　　次のステップに上がると、さらにまた、もっと大きい困難が来るようにできている。

　　　人の困難を見ていると楽しい（笑）。

　　　私ぐらいの年になると、たいして困難と思わない、来るのが当たり前だと思うし、それを楽しむこと。世の中には変化を嫌がる人もいるが、変化することは楽しいこと。

—— 223 ——

＜対　談＞　倒産しない会社に、もっともっと、なっていただくために

（司会）百年企業になる特徴のなかに、「質素倹約」「信用がある」という、人としてのお話もありました。やはりこうしたことが大切なのでしょうか。

曽根：その二つ以外にも「温故知新」などありますが、基本はみんな「人」です。

　　　創業百年企業を作ると言っても、誰でも作れるわけではなく、ある一定の条件を満たした人じゃないと作れません。

　　　お金があるから創業百年企業ができるわけではないのです。お金を作る、キャッシュを生みだす経営者つまり人が創業百年企業を育てるのです。最終的にはみんな「人」によります。

　　　その中で「質素倹約」というのは一番大事なことであり、キャッシュを増やすことが企業を潰さない一番の方法。

　　　「質素倹約」というのは、「無駄なお金を使わない」ということと「使うときはキッチリ使う」という二つ。

　　　つまり、人のため、将来のためにお金を使えるか。いかに自分のためだけに使わないか。

（司会）人格の高い人は「世の為、人の為に、お金を使う」ですね。

曽根：小銭を使う人は経営者として失格ですね。それから「信用がある」ことが大事。

　　　「信用」というのは、まず基本的には約束を守ること、嘘をつかないこと。信用してもらうには約束を守るのがベースですが、守れる人は案外少ないものです。

　　　納期という約束もそう。ビジネスでつき合っていて納期を守らない人もいます。

——224——

約束をしたアポイントを守れない、時間も守れない人は信用できません。

　本当に大事な契約を結びに行くときに、「遅れちゃいました〜」と遅れていけますか？

　そういう人は必ず損得の優劣をつけています。破ってもいい約束と、破ってはいけない約束とに仕分けするのです。そういう人は、絶対に約束を守れません。

　そんな人が百年企業を作れるわけがありません。

（司会）「約束を守る」という他にも、「お金の支払い方」について本のなかに書いてありますね。

曽根：幸田露伴の本のなかに「幸福三節」という３つの福があります。

　「分福」は今の幸せを分けてあげるということ。

　「植福」は福の種を蒔こうということ。

　将来の世代に対して福の種蒔きをしましょう。

　「惜福」は自分が持っている福を使い切らないということ。

　自分の持っている権限を最大限使わない。

　お金の支払い方については、最後の「惜福」にあるように、自分の持っている福、つまり「未だ支払いを待ってもらえる」という権利をギリギリまで使わないで、少しでも早く相手に支払うこと。

　相手は予定していたより早く入金されることにより、少しでも資金繰りが楽になります。こうした行為により、お金の支払いに対して信頼を得ることにもなるのです。

（司会）話は変わりますが、社員を成長させる社員教育は、これから

＜対　談＞　倒産しない会社に、もっともっと、なっていただくために

の日本に必要となるものだと思います。成長する社員をどのように教育していらっしゃいますか。

曽根：社員を成長させることよりも、まず社風が大事だと思います。
　社風とは、社員に経営理念・経営目的が浸透している状態。そして社風を作るためには、社員教育が重要になってきます。
　研修、ＯＪＴ、塾、朝礼などで経営理念について話をしているがそれだけではなく、社員ってどうすれば成長するかといえば、いやというほど「社員を見ること」。
　社員は社長に見てほしいと思っているから、それを見きることができるかどうか。
　社員数が増えてきたら、次は幹部を見て、幹部に社員を見させます。
　いずれにしても社員との会話は非常に大事です。そうしているうちに、自分の意思が通じるようになっていくものです。

白木：社員が主体性を持って働き始めるにはどうしたらいいのですか？

曽根：権限を渡すことかな。
　権限を渡すというのは丸投げではなく、失敗したときのリスクは経営者が自分でとらないといけません。社員に責任とらせるからやらなくなるのです。
　任せて失敗させないようにするのが経営者の役割であり、失敗するのは任せきれていないからでしょう。失敗して怒るのでは意味がありません。後は根気かな。根気よく見ていれば、いつかは花が咲きます。

（司会）白木先生のお話を聞いていると、心に響く言葉がたくさん出てきます。

　自分中心だったとおっしゃる白木先生が変わったのはなぜでしょうか。

白木：破産事件を通じて、破産会社の家族を見たり、自殺未遂の話を聞いたり、いろいろなことがきっかけとなり、徐々に考え方が変わっていったと思います。

　　　自分がなぜこの仕事をすることになったのか？

　　　自分のやるべきことは何なのか？

　　　そういうことについて考え始めたとき、自分の考えがいかにつまらないかとか、独りよがりであるかということに気がついたのです。

　　　それから、多くの人と出会うことができ、素直に話が聞けるようになりました。

　　　経営に関わるには、弁護士の業務だけをやっていて、法律の勉強だけをしていてはダメだと以前から思っていました。

　　　そこで税理士業、経営コンサルタント業なども勉強しました。その中で勉強したことが弁護士業にも役立っています。

　　　法律分野であっても、税務であっても、経営の問題であっても、目の前の方の悩みを何とか解決しようとする点ではどれも同じです。

　　　自分の仕事の分野を意識せずに、「人助け」を意識するようになったことが一番よかったことだと思います。

　　　それでもまた、気をゆるすと自分中心になってしまいます。欲深い面との戦いだと思います。

　　　やはり、たとえ儲かっても仕事は自分のためだけにやっていて

もつまらないですね。いろいろな人のいろいろな悩みに対して助けることができるようになると、どんどん仕事にやりがいを感じるようになります。

曽根：自分のためだけでは続かないね。最初に独立したときは、自分が食べるためだけにやっていた。頑張れば所得が増え、豊かになり、「もういいか」と思う。

白木：儲かっても、むなしい感じがする。

曽根：そう、実際きりがない。
　　　さらに所得が増えたとき、「これって、いつまで続くの？」と思ってしまいます。

（司会）何億も所得があるのに、欲の深い人たちはさらに多くを求めて悪事を働く人が世の中にはいますが？

曽根：悪い人じゃなくても、その人たちは、「満たされない病」だね。所得を上げてお金を持っても、満たされないことがわかった。いい物を食べていい車に乗っても、本当につまらない。

白木：そういう状態になると、周りがそういう人ばかりになって、さらにもっとすごい人がいる。
　　　横で見ていても楽しいのかなと思う。こんな人になりたくないと思う。

曽根：自分のためだと満たされない、自分のためだけに生きていると

つまらないと思う。

（司会）今、お二人が満たされているのは、人のためにお仕事をして
いらっしゃるからでしょうか？

曽根：「人のために」をやりだすと、また満たされなくなる。なぜな
　　　ら人のためになっているかわからなくなるから。ただし、これは、
　　　際限がなくていいですね。自分のためだと限界があります。

白木：「人のために」が理念や目的に表れます。理念や目的の追求に
　　　は限界がありません。

（司会）最後に、中小企業の経営者に向けて、お二人のこれからの活
動について教えてください。

曽根：現在、東京と名古屋で「キャッシュを増やす塾」を運営してい
　　　ます。そこに来ていただいて、この本の中身をもっともっと深く
　　　知ってもらい、キャッシュを増やして百年企業になってもらいた
　　　い。
　　　　本を読んだだけ、セミナー聞いただけでは、わからないから。
　　　常に私たちとつき合いながら、一つずつ修正し成長していっても
　　　らうためには、ぜひ「キャッシュを増やす塾」に来てもらいたい。
　　　引退しても、中小企業のためにこの塾はずっとやろうと思ってい
　　　る。

（司会）キャッシュを増やす塾は経営に一番大事なキャッシュに焦点
を当てている塾なのですね？　その塾で経営者の方が動くことができ

＜対　談＞　倒産しない会社に、もっともっと、なっていただくために

るのですか？

曽根：ＰＤＣＡを回すからだよ。

（司会）ＰＤＣＡは自分で回せないものですか？

曽根：回せません。ＰＤＣＡを回すことはそう簡単ではありません。
　　　回せない理由には、２つあります。
　　　１つは、ＰＤＣＡを回す前に、営業だとか、いろいろな問題が
　　発生するので、先にそれを優先してしまうから。
　　　これは緊急度が高い仕事だが重要度が低いんです。本来経営者
　　は重要度が高い仕事をするべきで、緊急度が高い仕事をしていて
　　はいけないのです。
　　　塾に入ることにより、そうした行動を修正できます。
　　　２つめは、社長に向けて注意する人がいないからです。
　　　キャッシュ塾では他の仲間から相互チェックされることで修正
　　できる。
　　　仲間と一緒に実践していくしくみです。
　　　実践するにあたり、できていないところを他の人にみてもらい
　　ながら、あるいは、他の人の姿を見ながら、同じ価値観をもった
　　人たちと切磋琢磨していきます。

（司会）引退してもキャッシュを増やす塾をやりたいということは、
先生にとって重要なことなのですね。

曽根：重要だから、本を書いている。自分のライフワークですね。

白木：私も、関わりを持った社長さんに、目的と目標を持ってもらい、経営のお手伝いをしたいと考えています。

（司会）曽根先生、白木先生、ありがとうございました。

　これからも中小企業の経営者のために、厳しい助言をよろしくお願いいたします。

おわりに

　最後までお読みいただき、ありがとうございました。いかがでした
か？
　中小企業が生き残るためには、キャッシュが潤沢になければなりま
せん。この書籍に書かれていることを即実践していただければ、必ず
キャッシュが増えるはずです。
　しかし、学んだことを実践に移す経営者は本当に少ないです。キャッ
シュを増やす方法を知っている経営者はたくさんいるにもかかわら
ず、実行に移す経営者は多くありません。

　では、なぜ、実行に移さないでしょうか？
　その理由には……
　①キャッシュを増やしたほうがいいと思っているけれど、増やさな
　　くても何とかなると思っている、あるいは今までは何とかなって
　　きた。
　②キャッシュを増やそうとすると、利益を出して多くの税金を払わ
　　ないといけないし、税金を払いたくない。
　③利益が多く出ると、会計事務所が節税提案をしてきて、利益を圧
　　縮させてしまう。
　④経営者が決算書を読めないために、自社の経営状態を理解できず
　　にキャッシュを使ってしまう。
　などがあります。

　また、本書ではキャッシュの増やし方をお伝えしてきましたが、

キャッシュを増やして 100 年企業になるための方法は私のサイトなどでお話ししています。

　読者の皆さんの会社がキャッシュをドンドン増やして 100 年企業になることを祈念しております。

曽根康正

もっと「お金を残す経営」について知りたいという方へ

「キャッシュを増やすヒケツ」

（http://www.smc-g.co.jp/cashacademy/blog/）

このサイトの目的は中小企業が健全にキャッシュを増やして一社でも多くの創業百年企業を創出することです。企業の命であるキャッシュの健全な増やし方や使い方を記事にして解説しています。記事は毎週アップしています。

資金繰りや資金調達方法はもちろん、売上を上げてキャッシュを増やす方法や人件費の使い方、設備投資の仕方、借入の仕方など盛りだくさんな内容となっています。どの記事も中小企業経営に有効なものばかりです。是非、ご覧いただいて企業経営にお役立て下さいね。

「キャッシュを増やす塾」

（https://www.smc-g.co.jp/cashacademy/）

キャッシュの重要性を理解すると共にそのキャッシュを自由にコントロールできる経営者を一人でも多く輩出したいとの思いでこのキャッシュを増やす塾を設立いたしました。

この塾から一社でも多く創業百年企業を創出していきます。

キャッシュの重要性を知ってもらい、その増やし方・使い方を通じてつぶれない会社となり、さらには成長する会社の経営ができる塾生を育て上げること。

そして、同じ志を持った塾生同士が仲間となって、お互いに競い合って会社を良くしていくこと。これがこの塾の目的です。

このキャッシュを増やす塾では本書の内容を講義形式でわかりやすく解説すると共にキャッシュの増やし方について塾生の体験発表などを行っています。具体的なカリキュラムは下記の通りです。知識の習得と実践が他にない特徴です。

1. 塾長講義：キャッシュの増やし方、有効なキャッシュの使い方など
2. 塾生発表：自社のキャッシュを増やす方策及び実績について
3. グループ別ＰＤＣＡのモニタリング
4. グループ別次回までの行動計画作成

キャッシュを増やす塾は東京と名古屋で２カ月に一度、開催しています。最初は無料で体験入塾ができます。一度、参加してみてくださいね。

■著者略歴

曽根　康正（そね　やすまさ）

昭和34年6月8日岐阜県多治見市生まれ。昭和57年慶應義塾大学商学部卒業後、公認会計士試験に合格。昭和64年曽根公認会計士事務所を開業し、平成19年SMC税理士法人代表社員に就任。現在はSMCグループ（SMC税理士法、㈱SMCホールディングス、㈱SMC総研など）代表として活躍している。SMCグループのMISSIONは「SMCグループはお客様と共に成長し、創業百年企業を創出し続けます。」、SLOAGANは「貢献・感謝・信頼」、VISIONは「SMCグループの支援により、経常利益1000万円以上、自己資本比率50％以上のお客様500社を達成します。」。

白木　智巳（しらき　ともみ）

昭和45年12月16日大阪府豊中市生まれ。平成6年同志社大学経済学部卒業後、平成12年司法試験合格。平成22年白木法律事務所（現ロータックス法律会計事務所）を開設し、平成24年近畿税理士会へ税理士登録。
経営、会計税務、法律の3つの視点から、家族と企業を守る専門家でありたいと思っています。

本書の内容に関するお問い合わせ
明日香出版社　編集部
☎(03) 5395-7651

大倒産時代の会社にお金が残る経営

2019年　7月20日　初版発行

著　者　曽根康正
　　　　白木智巳

発行者　石野栄一

ア明日香出版社

〒112-0005 東京都文京区水道 2-11-5
電話 (03) 5395-7650（代　表）
　　　(03) 5395-7654（FAX）
郵便振替 00150-6-183481
http://www.asuka-g.co.jp

■スタッフ■　編集　小林勝／久松圭祐／古川創一／藤田知子／田中裕也
　　　　　　　営業　渡辺久夫／浜田充弘／奥本達哉／横尾一樹／関山美保子／
　　　　　　　藤本さやか／南あずさ　財務　早川朋子

印刷　美研プリンティング株式会社
製本　根本製本株式会社
ISBN 978-4-7569-2038-6 C0034

本書のコピー、スキャン、デジタル化等の無断複製は著作権法上で禁じられています。
乱丁本・落丁本はお取り替え致します。
©Yasumasa Sone & Tomomi Shiraki 2019 Printed in Japan
編集担当　古川創一

小さな会社の社長の戦い方

井上 達也

中小企業と大企業では、儲けの構造が異なります。ゼロから起業し、4000社以上顧客を増やし急成長させた社長が、中小企業がとるべき経営手法やマーケティング手法を教えます。

本体価格 1500円＋税　B6並製　240ページ
ISBN978-4-7569-1460-6　2012/11 発行

小さくても儲ける会社の「社長」のチェックボックス

酒井　英之

経営を肌感覚で行っている社長さんも少なくないため、「経営の当たり前のこと」をしっかりと網羅しているというのは少数派のように思えます。「社長の心構え」「経営理念」「事業計画」「経営をまわす仕組み」「人材育成」など外してはいけない「経営の基本的なもの」を事例をふんだんに交えながら紹介。

本体価格 1500円＋税　B6並製　248ページ
ISBN978-4-7569-2001-0　2018/11 発行

社員29人以下の会社を強くする50の習慣

金村　秀一

飲食業の社長である著者が、数多くの優秀な中小企業の社長から教えてもらい、自らも実行している会社を強くする習慣をまとめました。あたりまえだけど、ないがしろにしてしまいそうな内容を50項目収録。読んだらすぐに実行に移せるものばかりです。

本体価格1500円＋税　B6並製　256ページ
ISBN978-4-7569-1802-4　2015/11 発行

成功し続ける社長が守っている7つの約束

武田　斉紀

世の中には、倒産する会社も多いですが、中小企業でも長きにわたり、健全な経営を行い、社員に愛され、きちんと利益を出して成功している会社は数多くあります。そんな会社の社長は、何を考え、何をベースに会社を動かしているのか。
成功している社長が自らに約束している大事なこと、曲げないこと、信念などをまとめました。

本体価格1500円＋税　B6並製　224ページ
ISBN978-4-7569--2023-2　2019/4 発行

決定版　ランチェスター戦略がマンガで3時間でマスターできる本

田岡 佳子

〈2：8の法則〉、〈選択と集中の法則〉などなど、身につけておくと一生役に立つランチェスターの戦略を、ランチェスター協会の会長自身が若者のためにやさしく、くわしく理解・納得させてくれる一冊です。

本体価格 1600 円＋税　A5 並製　256 ページ
ISBN978-4-7569-2027-0　2019/4 発行

ドラッカーのマネジメントがマンガで3時間でわかる本

津田　太愚

ドラッカーとはどんな人物か、またドラッカーのマネジメント論とはどんなものかをわかりやすく解説します。ドラッカーのマネジメントをざっくりと知りたい人にオススメです。

本体価格 1400 円＋税　A5 並製　200 ページ
ISBN978-4-7569-1431-6　2011/1 発行

小さな会社こそが NO.1 になる
ランチェスター経営戦略

坂上　仁志

有名企業・大企業が業績を落とす中、小さいけれども利益をきっちり出す企業があります。そんな会社がやっているのは、他社からの追随を許さない経営です。ランチェスター戦略に基づいた経営の基本的な考え方、経営者のやっておきたい習慣を学び、NO.1 の会社を実現します。

本体価格 1500 円＋税　B6 並製　232 ページ
ISBN978-4-7569-1289-3　2009/08 発行

小さな会社こそが勝ち続ける
孫子の兵法経営戦略

長尾　一洋

世界最古で最強の兵法である「孫子の兵法」を現代のビジネスを勝ち抜くための経営書として読み解きました。
中小企業経営者のために、大企業や不景気に負けない会社作りを目指します。マーケティング・経営理念の作り方や浸透のさせ方・IT の活用法などを学ぶことができます。

本体価格 1500 円＋税　B6 並製　224 ページ
ISBN978-4-7569-1390-6　2010/6 発行

社員ゼロ！
会社は「1人」で経営しなさい

山本　憲明

社員を雇わず一人で経営し、成功するための方法を税理士視点からまとめる。
会社を大きくせずに、一人で経営することのメリットがわかる。ムリのないや先を見通した経営計画の立て方と心得を説きました。

本体価格 1500 円＋税　B6 並製　208 ページ
ISBN978-4-7569-1935-9　2017/11 発行

ひとり社長の稼ぎ方・仕事のやり方

一圓　克彦

ひとりで会社をたて、食べていくのは簡単なことではない。ひとり社長で稼ぐには「小さな労力で大きな成果を上げる仕組み」をつくる必要がある。ひとり社長のビジネスモデルの紹介＆稼ぎ方をはじめ、営業戦略や情報発信など、ひとり社長が仕事をしていくうえで欠かせないことも紹介していく。

本体価格 1500 円＋税　B6 並製　256 ページ
ISBN978-4-7569-2019-5　2019/03 発行